当代中国主流价值观的传播策略研究

● 赵砾青 著

山西出版传媒集团

山西人民出版社

图书在版编目（ＣＩＰ）数据

当代中国主流价值观的传播策略研究/赵砾青著. 一 太原 ： 山西人民
出版社，2022.11

ISBN 978-7-203-12443-6

Ⅰ．①当… Ⅱ．①赵… Ⅲ．①价值论（哲学）－传播－研究－中国 Ⅳ.
①B018②G219.2

中国版本图书馆CIP数据核字（2022）第208473号

当代中国主流价值观的传播策略研究

著　　者：	赵砾青
责任编辑：	吕绘元
复　　审：	李　颖
终　　审：	武　静
出 版 者：	山西出版传媒集团·山西人民出版社
地　　址：	太原市建设南路 21 号
邮　　编：	030012
发行营销：	0351—4922220　4955996　4956039　4922127（传真）
天猫官网：	https://sxrmcbs.tmall.com　电话：0351—4922159
E一mail：	sxskcb@163.com　发行部 sxskcb@126.com　总编室
网　　址：	www.sxskcb.com
经 销 者：	山西出版传媒集团·山西人民出版社
承 印 厂：	山西省教育学院印刷厂
开　　本：	787mm×1092mm　　1/16
印　　张：	14
字　　数：	170 千字
版　　次：	2022 年 11 月　第 1 版
印　　次：	2022 年 11 月　第 1 次印刷
书　　号：	ISBN 978-7-203-12443-6
定　　价：	82.00 元

如有印装质量问题请与本社联系调换

新思维：主流价值观传播的反思与前瞻

李卫东

讲好中国故事，塑造并有效传播中国国家形象，让世界认识一个真实的、和平崛起的、充满良善和诚意的负责任的发展中大国，这本身就是一种传播价值选择；从另一个方面来说，以新闻叙事让历史告诉未来、见证现实生活、公开真相满足公众的知情权，最有效的传播策略是价值观的传播。就像在物质生活资料消费领域，不管是我们向消费者推销狗不理包子、思念饺子、陕西biang biang面，还是肯德基汉堡、意大利通心粉、日本料理；不管是耐克、阿迪达斯、彪马，还是李宁、安踏、361°，这些都并不重要，重要的是，在消费这些物质资料的时候，我们是全盘接受其中蕴含的中国式价值观，还是西方的价值观。我们不推销产品，只推介一种消费理念、质量标准和价值评价体系。

价值哲学是国内外学界持续关注并不断有新建树的学术富矿，在这一领域，有影响的研究包括奥尔波特等人的价值观研究、M. 莫里斯的生活方式问卷、M. 罗基奇的价值调查表等；国内汤一介、李德顺、赵馥洁、王玉梁、江畅、袁祖社、李连科、孙伟平、刘永富、晏辉等多位著名学者都在这一领域有深入的掘进和收获。价值观具有稳定性和持久性、历史性与选择性、主观性的特点。价值观对动机有导向作用，同时反映人们的认知和需求状况。之所以认为主流价值观传播更本质、更具影响力、更有利于实现传播意图，是因为基于对价值观在人的思维、判断与选择、实践活动中居于水之源、木之本的源头和根本地位的体悟和确认。这也是我支持赵砾青同学把理性思维、学术探索的视角延展到主流价值观传播这一富有研究能力挑战，也充满学术机遇新领域的原因所在。

一、价值观、社会主义核心价值观与主流价值观

1. 价值观及其认同

价值是客观事物对于满足主体需要的有用性的量度，如五谷可以果腹、桑麻可以蔽体、车马能够负重代步、媒体能交流信息于千里之外……价值观是一个古老又与时俱进、常讲常新的话题，是一个人、一个团体、一个社会乃至人类区别于具有可比性的参照物的个性观念、认知特征和社会功用的评判体系。长期以来，人们习惯上认为，世界观是人生观和价值观的基础，世界观决定人生观和价值观。因为在许多哲学家看来，作为对人生意义和目的的特定理解的人生观，以及作为主体设定其价值目标和行为取向的价值观，都要以一定的世界观作为思想基础，并支配其人生思考和选择的表现形式，决定着一个人的人生追求和对现实生活的价值选择。没有科学的世界观，就不可能有正确的人生观和价值观。一般来说，有什么样的世界观，就会有什么样的人生观和价值观。同时，我认为这种表述只是"三观"关系的一个方面。既然承认世界观与人生观和价值观是统一的，只强

调世界观对于奠定人生观和价值观的基石地位是不全面的，价值观绝非被动地、消极地、无所作为地被世界观决定和支配，更应该看到世界上万事万物都逃脱不了价值判断的度量。所谓价值观，是从具体事物层面抽象出作为一般价值尺度的参照系，对世界、社会和人生对于主体的有用性、意义和价值进行比较、衡量和界定，类似于在经济学视域，作为一般等价物的货币对所有商品都有定价功能一样。价值观对于世界和人生的意义厘定和价值评判相当于指标体系和赋值标准，不仅仅局限于意识对物质的反作用，正确的价值观会使世界观更丰富、更完善，而是价值观在一定程度上也影响、制约，甚至决定人们对世界的看法即世界观、人们对人生意义和目的的理解即人生观，甚至可以说，世界观、人生观在其本质上就是价值观。价值观出现了偏差，我们看待世界和人生的眼光就会扭曲，对待世界和人生的态度就可能不端正，对世界和人生的意义及价值判断就会偏离客观公正、理性适度的轨道。正是基于这样的认识和理解，我们强调主流价值观传播的须臾不可小视的重要性。价值观出现偏差，秩序就被颠覆，世界就会变了模样，就会混淆黑白、颠倒真伪、善恶不分、美丑难辨，一切事物就没有了判断是非的尺度。因此，价值观是人的基本问题、重大问题，也是根本问题。价值观是基于人的思维感官，按照一定的评判体系对客体（人、事物或者关系、状态等标的物）的功用做出的认知、理解、判断或抉择，也就是人认识事物、辨析是非的一种思维或取向，从而界定人、事、物特定的价值或功用。

　　我在提出以上对价值的个性化的通俗理解之前，作为"缄默知识"，并没有阅读本书作者在专著中的相关论述，以免左右个人对这一似乎没有谁能说清楚，但是人人都应该有一个基本认知的元问题的判断和诠释。这里，还是转引作者在第一章《溯源：价值观的哲学与社会学追问》中引述李德顺先生的论断，在其《价值论》一书中他这样表述："目前，各种各样价值现象的共同特征、各种方式价值表达的含义，都是指一定的对象（事物、行为、过程、结果等）对于人来说所具有的现实的或者可能的意义。简言之，价值就是事物对于人，更确切地说，是客体对于主体的'意义'。但是，如何进一步理解'意义'的存在和实质，却在不同的哲学体系中有不同的基本回答。"

据此，我比较赞成赵砾青关注、思考和研究价值观的传播，较之一个具体事件、成就以新闻叙事的方式传播出去，讲好中国故事，更需要传播我们"四个自信"的理由，即我们进行价值判断的依据——价值论和价值评判体系，从而增强中国形象塑造和中国精神、文化、价值传播的公信力、信度和效度。

2. 社会主义核心价值观及其认同

任何传播主体（传者）以任何媒介形态传播任何事件，都在自觉或者不自觉地进行价值观的传播，故事背后或明确或隐晦地都有一个传播意图、旨趣或者效果预期，即"告诉你一个你不知道的（希望知道的、有权知道的）真相（非虚构的新闻叙事、真实故事或者细节）"。但是，任何一个社会的公众个体的价值观与社会的公共价值观并不一定完全契合或者认同，社会发展必然有与特定阶段经济基础相适应的作为意识形态（上层建筑的核心）的公共价值观期待与规约，在中国特色社会主义新时代逐步明晰社会主义核心价值观是运用伦理力量参与国家治理和社会道德建设的必由之路。

价值观的传播不能不溯及核心价值观的探索与形成理路。在不断改革完善国家治理体系建设的实践探索中，把全面依法治国纳入"四个全面"的科学发展观视野并不断增强法治意识的同时，高度重视发挥以德治国对中国特色社会主义现代社会治理的不可低估的作用。2012 年 11 月，党的十八大报告明确提出"倡导富强、民主、文明、和谐，倡导自由、平等、公正、法治，倡导爱国、敬业、诚信、友善，积极培育社会主义核心价值观"。 2013 年 12 月，中共中央办公厅印发《关于培育和践行社会主义核心价值观的意见》，提出以"三个倡导"为基本内容的社会主义核心价值观，与中国特色社会主义发展要求相契合，与中华优秀传统文化和人类文明优秀成果相承接，是我们党凝聚全党全社会价值共识做出的重要论断。2017 年 10 月 18 日，习近平总书记在党的十九大报告中指出，要培育和践行社会主义核心价值观。要以培养担当民族复兴大任的时代新人为着眼点，强化教育引导、实践养成、制度保障，发挥社会主义核心价值观对国民教育、精神文明创建、精神文化产品创作生产传播的引领作用，把社会主义核心价值观融入社会发展各方面，转化为人们的情感认同和行为习惯。2018 年 3 月 11 日，十三届全国人大第一次会议通过《中华人民共和国宪法》修正案，明确提出"国家倡导社会主义核心价值观，提倡爱祖国、爱人民、爱劳动、爱科学、爱社会主义的公德"。

3. 主流价值观及其传播

广义的价值观是一个价值评价体系，其核心部分是对价值本身认知、反思、评价的思维方式、逻辑体系和判断结论，是关于什么是价值、如何看待客体对于主体的意义和作用，以及怎样评判价值的考量尺度之思。核心价值观是社会道德建设的"价值应然"、目标维度，不同层面理解的道德理想，社会各阶层、公民个体道德生活的参差不齐的现实表现和社会道德现状；公民和社会道德现状的"价值实然"与核心价值观体系"价值应然"的交集，为全社会和公民个体所认同并作为道德准则践行的则是社会道德建设现状和"价值实然"。核心价值观所倡导的"应然"与公民的社会认同及道德实践的"实然"的交集，正是中国特色社会主义新时代的主流价值观，在倡导用社会主义核心价值观规约全社会伦理思维、道德规范建设、社会认同和道德实践创新的同时，讲好中国故事，担负主流价值观传播的媒介责任，这是传媒界需要思考、探索并着力解决好的重大问题。

二、国家文化战略：主流价值观传播的意义

毛泽东主席说："没有文化的军队是愚蠢的军队，而愚蠢的军队是不能战胜敌人的。"同样，在新时代日趋激烈的国际竞争中，没有文化的民族、国家是没有希望的，无法自立于世界民族之林。文化自信是"四个自信"的基础，江畅先生认为，价值观是一个国家人民的精神家园和一个民族文化的灵魂和精髓。全球化时代必然也是一个文化多元化的时代，世界各国在发展经济，占领竞争制高点的同时，也在不遗余力地构建本国的价值观，通过文化输出努力扩大国家价值观的国际影响。发展中的中国作为世界上人口第一大国、第二大经济体，科技、政治、文化发展的核心竞争力都居于世界前列，在价值观的激烈竞争中，当然不能没有与中国国际地位相匹配的文化影响力，更不能不高举自己的旗帜，发出中国声音。

在日趋激烈的国际竞争中，不仅要防范霸权主义"长臂管理"的领土（包括领海、领空）觊觎、市场垄断、军事扩张，更要警惕文化领域的意识形态入侵、生活方式渗透、文化版图扩张等和平演变与颜色革命的图谋。较之经济、科技、外交、军事等方面的"秀肌肉"，文化影响力的传播越来越居于战略核心地带；抢占先进制造业、现代物流业、消费品市场等实体经济发展制高点，突破瓶颈确保资金流、信息流等流淌于经济躯体中的"血液"源源不断固然重要，文化才是强国战略的核心竞争力，文化软实力才是国家硬起来的第一支撑力，坚定不移地推行"文化走出去"才是中国国家形象塑造和传播、实现中华民族伟大复兴中国梦的精神底气和骨气，是守护"四个自信""第一岛链"的文化血性和战略定力。鉴于这样的考虑，这里有必要厘清、理顺文化与价值观的关系。

1. 价值观是文化的核心

作为现实生活的观念表现、用不同形式反映现实生活的观念形态的文化，通过一定的文化作品、文化形式和文化活动的外化和具体化，能动地影响和规约人的思维、判断、选择和价值取向，内化为人的认知、情感、意志和个性品质，进而积极作用于，甚至左右、支配主体的生活实践。价值观是文化观念的重要构成组分，价值观一般附着于一定的文化观念表现出来；一定的文化又蕴含一定的价值观念，不同时代、不同社会、不同民族文化的不同，主要是价值观的差异。文明的冲突，最终是价值观的龃龉。

价值观作为人们对客体（对象物）在满足主体需要的有用性（即价值）的总体感知、评判、界说和观念化，嵌入人的生命进程，与人的生命意识、人生目标、生活理想融为一体，是关于人的幸福生活及其各种条件的一种总体性规定和基本态度，它既植根于现实生活，又具有一定的超越性，是对合理的理想生活及其条件的规定，是具有"应然性"的一种期许。

各种文化并存且相互竞合，这是当今国际关系的一种基本态势。因为人们结成不同的社会关系，从事不同的社会活动，各有不同的利益追求，各有自己对幸福的不同理解，自然产生不同的文化形态。从文化处于不同的地位而言，包括主流文化和非主流文化。主流文化处于支配地位，影响和作用于其他现存文化。非主流文化处于从属地位，受主流文化支配、抑制。主流文化之所以被认同，是因为这种文化的价值观与所处时代的公众利益及社会发展趋势相一致。同时，各种文化之间不仅竞争，而且互鉴和融合，主流文化与非主流文化在一定条件下可以相互转化。

2. 文化对公众价值观认同具有范导和传扬作用

价值观不是与生俱来的天赋和良知，而是在文化传习、创造过程中升华和凝练而成的，是一种不断生成的规范性的东西。文化人借助他们掌握的人类知识资源和文化优势，利用自己的话语优先权，思想引领、规范制定、模范塑造，以时代精神诉求凝聚公众价值认同。这些规范、模范所承载的道德力量，借助社会舆论的外力与人们良知和信念的内驱，从而自觉约束、范导、形塑自己的言行，从而也作为自觉认同一定社会规范的依据。作为一种可仰慕、信仰的理想性的道德标杆，作为社会规范的合理性的根据，往往被当作一种目的性和终极性的存在，当作一种内在价值，甚至其他各种价值的最终尺度。那些理想性的模范也就成为一定的价值理念，其超越性意义更为突出明显。从社会整体和人类文明的高度，对作为个体的人进行范导和形塑，是人们交往中为了使个人突破其局限而提升社会性的文明人的一种文化形式。

3. 价值观以文化形态为载体得以传扬

价值观本身是一种观念形态的文化，但是价值观的传习及社会认同不能仅仅局限于纯粹的概念、文字表述和理论知识的教育与普及，更要在蕴含一定价值理念的制度、器物和产品的活动中践行，尤其是借助制度的力量和具有刚性约束力的奖惩机制，并形成一定的现实价值取向而得以实现。在现实生活和价值观传扬实践中，通过文化教育、新闻宣传和舆论引导，形成社会舆论、公序良俗、新闻叙事和模范人物向公众渗透、传习价值观，促使主流价值观得到普遍认同。

价值观的传播并非赤裸裸地炫富、"秀肌肉"、空喊"厉害了我的国"，理论武装、舆论引导、精神凝聚和作品鼓舞都需要依托于具体的与概念体系相联系的实际、新闻叙事、模范人物的人生经历、文艺作品中的生活场景、故事情节和心理结构，这就是中国文论中我们耳熟能详的"文以载道"。不同体裁、题材的"文"都承载着一定的"道"，这里所谓的"道"就是一定的价值观。在这个意义上，文化传播的实质就是"以文化人"。借助教育、媒体和一定的文化产品，对公众及个人进行知识、理论及价值观的填鸭式教化，促使其接受和认同依附于这些文化产品或活动之中的价值观，并内化成文化素养、精神力量和价值尺度。这种传道旨在使文化观念和价值观这些不可能与生俱来的"非良知"，通过教育、学习这种刻意行为变成可以信手拈来的熟练动作。文化传播既可以借助国家以政府行为制定路线、方针、政策和国家层面主导的意识形态，向公众自上而下灌输主流价值观，促使其价值观念认同和接受，也可以利用文化精英的社会影响力，通过开展形式多样、为公众所喜闻乐见的文化活动、主创（创作、创造、创新）不同类型的文化产品来传播主流价值观，正所谓以文化精神塑造人、以文化作品鼓舞人。这也是赵砾青此作关注并着力思考、试图解决的主流价值观传播问题之意义所在。

4. 主流价值观传播的媒介责任与作为

如何在波诡云谲的国际国内形势复杂变化中保持战略定力，如何在百舸争流的激烈竞争中立于不败之地，如何在媒介融合的传播格局下担当主流价值观传播的媒介使命，从媒介自身来说，目前应从以下几个层面着力：

把主流价值观传播作为新闻媒体"三项精神教育"的题中应有之义，媒介及媒介从业人员一定要牢固树立并不断增强政治意识、大局意识、核心意识、看齐意识。主流媒体尤其要高举旗帜，在传播实践中发挥主力军作用，坚守阵地，打赢"主场"，并引领媒介军阵的多兵种、集团化、成建制地打好正面战场的攻击战，发挥好舆论引导先行者和领路人的作用。特别是在进一步深化马克思主义新闻观、社会主义新闻职业道德和新时代新闻职业精神教育中，把主流价值观传播的初心与使命贯穿始终，把增强中国文化国际影响力的任务扛在肩头。

传播主流价值观是媒介的政治站位、立身之本和文化使命。主流价值观传播不仅是主流媒体、官方媒体的使命所在，即便是自媒体，媒介一旦涉及公众传播，就成为社会公器，就不再仅仅满足于宣泄个人情绪、个性化的信息旨趣或者哗众取宠的"点击数依赖"，在传播内容及形式上就得顾及受众的信息需求、接受习惯、阅读感受，不要肆意散发泡沫化的冗余信息挤占网络资源，浪费用户精力，不能搞"三俗"，更不能以有害信息误导舆论和受众，共建、共管、共享、共赢网络文化。只有在主流价值观传播方面有所作为，媒介才有可能"入主流""声音更响亮"，才能在受众中产生更大的影响力。甚至可以这么说，是否积极主动担负主流价值观传播的媒介责任并发挥重要作用，是甄别媒介政治成色、检验媒介意识形态责任能力和素养、判断媒介可持续发展核心竞争力的重要判据。

讲好中国故事、塑造和传播国家形象、彰显中国文化的普世价值。国际竞争越来越聚焦于文化，我们通过实施"一带一路"倡议，提出并引领构建人类命运共同体，需要求同存异，减小不同利益集团、国家和地区作用力的夹角，以获得尽可能大的发展加速度，这就需要在经济、社会、文化诸方面协调，寻求各方面利益和作用力的"最大公约数"，以主流价值观传播促成文化认同、达成共识，减少冲突、避免误伤，走出"零和"思维误区，形成多赢局面。讲好中国故事，是通过新闻叙事把新时代中国人柴米油盐的人间烟火、喜怒哀乐的情感体验、安居乐业的精气神，告诉世界"这就是历久弥新的中国，这就是生生不息的中国人"，从而塑造并传播和平、稳定、发展、繁荣、富强的国际形象，从而彰显中国道路、中国制造、中国品牌的中国特色、中国影响力和中国文化的普世价值。

以主流价值观传播形成强大舆论引导力，推进公民道德建设、德政和国家治理。事实上，舆论导向在很大程度上取决于新闻叙事中文化观念的氤氲、扩散、沾溉对受众认知思维、言行举止、生活态度、价值判断与取舍等方面潜移默化的影响，究其本质，就是通过主流价值观传播范导和形塑受众和社会的价值观，即"以正确的舆论引导人"。

三、媒介融合时代主流价值观传播方略试探

身处百年未有之大变局，旧的道德规范打破了，新的为全社会认同的社会主义核心价值观还在推进之中。在媒介融合时代，人人皆媒介，传播方式多样化，内容庞杂，泥沙俱下。在如此复杂多变的传播格局下，如何以主流价值观传播形成强大的舆论引导力，进而推进公民道德建设，整饬全社会价值观，用道德力量促进社会主义民主政治建设朝着更加理性、智性的向度踔厉前行，笃行不怠，不断优化形成风清气正的政治生态，促进国家治理现代化，更好地担负起媒介的社会责任，发挥媒介应有的作用，加快构建全媒体传播新格局不仅是忠实履行党的新闻舆论工作职责使命的重要体现，而且是互联网时代各种传媒主体共同面对的时代课题，也是亟待学界关注、思考、研究破解的现实难题。

1. 认清百年未有的传播格局巨变

2019 年 1 月，习近平总书记在人民日报社考察，并在此主持中共中央政治局第十二次集体学习，专题研讨媒介融合发展问题。习近平总书记首创全程、全息、全员、全效的"四全媒体"论，并强调要形成"资源集约、结构合理、差异发展、协同高效"的全媒体传播体系，为加快构建全媒体新格局廓清了发展方向。切合互联网时代传媒发展的需要，2020 年 9 月，中共中央办公厅、国务院办公厅印发了《关于加快推进媒体深度融合发展的意见》，阐明了加快推进媒介融合的重要意义，规划了媒介融合的目标任务，制定了推进媒介深度融合的工作原则，这是全媒体时代进一步改进和加强党的新闻舆论工作的战略思维。在这一全新的新闻价值观引领下，

建立"以内容建设为根本、先进技术为支撑、创新管理为保障"的全媒体传播体系，加快构建融为一体、合而为一的全媒体传播格局，是新时代把主流价值观传播纳入新闻叙事视野、讲好中国故事、塑造并有效传播国家形象的战略机遇期。随着全媒体不断向纵深方向发展，移动互联网已成为公众接受信息的主要渠道，传统的媒介生态、传播环境都发生了深刻的变化，既改变了人们原有的媒介使用习惯，也为人们提供了参与舆论的全新平台。在全新的全媒体传播环境下充分有效发挥媒介职能，做好主流价值观传播是传播策略的理性选择和践行使命的重要路径。

2. 加强对新媒体特性及传播机制的研判

关于主流价值观传播的策略、机制和实施，学界也开始有所关注，并有一些初步的建设性成果。有学者认为，主流价值观的传播要从传播主体（传者）、受众、话语及渠道四个维度全方位发力，充分调动高校、智库、知名人士及广大网民的主观能动性，区别对待国内与国际受众，从受众心理、媒介伦理等视域研究其内容需求及其偏好、接受习惯和对不同叙事模式的阅读感受，注重新闻叙事的话语体系建设，选择能确保达至传播预期和充足传播效率的渠道。传播过程中全要素的兼容、契合与相得益彰，才有可能担负起主流价值观传播的使命。

媒介融合时代，互联网信息平台冲破了不同传播主体、介质和媒介形态的藩篱，集成整合所有传者、传播意图、内容、设备、技术和系统平台、受众及信息需求等传播力的构成要素，致力于达成各自对传播效果的预期，人人皆媒介，全息全媒体。有学者以短视频平台为例，分析全媒体时代主流价值观的传播。研究认为，主流价值观是国家文化软实力的重要表征，其传播的广度、力度与核心价值观践行的深度呈正相关。主流价值观的传播关乎国家意识形态安全，直接影响社会的和谐与稳定，是媒介理应承担的责任。以备受公众关注的短视频为例，与传统媒体和其他传播形态的新媒体相比，短视频平台具有获取知识更便捷、智能推送更精准、传播方式更广泛、表达轻松易接受等特点，应充分发挥其传播优势，在传播策略上，利用明星领跑方式，创新主流价值观传播路径，通过全民参与方式，扩展主流价值观传播领域，并通过提高短视频内容质量、从严把关加强监管和以正能量作品暖人心等环节改善传播效果，提高信息传播、舆论引导和精神鼓舞的质量。

3. 肩负新媒体主流价值观传播的时代重任

从切实履行党的新闻工作者"高举旗帜、引领导向，围绕中心、服务大局，团结人民、鼓舞士气，成风化人、凝心聚力，澄清谬误、明辨是非，连接中外、沟通世界"的职责和使命这个高度衡量，上述短视频的传播策略有短视之嫌，只是在竞争日渐激烈的媒介生态下，确保新媒体在夹缝中求生存的苟且偷生之计。应该充分认识主流价值观传播居于整个传播结构的制高点上，以高信噪比的主旋律、正能量像植物的顶端优势一样抑制杂音、噪声、不和谐音的干扰，提升新媒体的媒介生态位，高起点开展"随风潜入夜，润物细无声"的沾溉、渗透和浸润，既有居高临下的"势能"向"动能"的转换，又有跨越信息鸿沟的虹吸效应，切实履行主流价值观传播的媒介使命。

在媒介融合时代，以互联网信息平台为支撑，具有数字传播业态的新媒体具有互动式、隐匿化、兼容大众小众的分众化的信息传播特点，已经深刻影响了受众的思维方式、信息旨趣、舆论导向和接受习惯，并且在某种程度上对主流价值观的社会辐射力、影响力和引导力产生消解和侵蚀。应合理利用新媒体信息传播的优势，充分发挥新媒体对主流价值观的确立与传播、强化社会认同与形成思想共识的助益作用，引领社会舆论健康发展。

2013 年 8 月 19 日，习近平总书记在全国宣传思想工作会议上发表重要讲话指出："必须坚持巩固壮大主流思想舆论，弘扬主旋律，传播正能量，激发全社会团结奋进的强大力量。"我们必须清醒地认识到，随着微博、微信、移动端媒体以及数字报刊等新媒体迅速崛起并后来居上，开放式、多元化、隐匿化、交互性的媒介新生态已初步形成。必须稳步推进涉网传播适用法律建设，进一步完善新闻信息传播的行业规矩、职业道德规范和媒体管理制度，依法依规建好、管好、用好"传媒统一战线"，积极引导新媒体传播主流价值观，范导公众对主流价值观的认同、维护以及践行，不断凝聚社会共识，科学引导舆论流向，夯实实现中华民族伟大复兴中国梦共同价值追求的精神根基。

要高度重视并切实加强对新时代变化了的传播新形势的分析研判，充分认识媒介融合时代主流价值观传播出现的去中心化、交互性和传播要素多元化、信道路径多样化、传—受机制复杂化等新特征，积极应对主流意识形态的社会认同遭遇冲击、新媒体弱化了传统媒体主流价值观传播的影响力的挑战，优化媒介生态，发挥新媒体传播优势，与传统媒体组成"联合舰队"，形成合力，改善主流价值观传播效果。不断深化对传播新常态的研究，切实提高公众媒介素养，充分调动自媒体和互联网用户传播主流价值观的主观能动性和创造性，调适传播策略和作用机制，以海纳百川的博大胸怀，汇聚涓涓细流与泱泱大江，成为奔涌主流价值观和正能量的磅礴之力，增强主流价值观的社会意识主导性及其对社会舆论的引导力，提升主流价值观的辐射力、凝聚力。

砾青同学勤勉好学，有媒介工作体验，又善于运用所学思考解决现实问题，关于主流价值观传播的研究专著即将付梓，嘱我作序。我并非这一领域的专家，权当是一次学习新知的机会，勉力写出我对这一传媒界面临的时代命题的思考和理解，不妥之处，敬希各位方家教正。

（作者系陕西师范大学图书馆研究员，新闻学、传播学硕士生导师，研究领域为网络传播中的伦理问题）

目　录

绪论
主流价值观的传播与建构是中国崛起的重要议题

当时间的指针指向 2022 年时，身在地球村的我们可能会更加切身地体会到置身于数字传播洪流中的融合性和参与感。哪怕经历与互联网或者数字移动终端的短暂分离，我们可能都会有些孤独寂寞甚至手足无措。正如罗德公关首席执行官步春歌所言："现如今，互联网已经全面扑向移动设备，大数据的应用更是广泛而有效，智能设备和软件的快速发展让人应接不暇。在这种生态情况下，移动端设备的使用呈现出大幅度的增长，数字媒体传播也更加多元和复杂。"

在笔者看来，时下的全球数字传播拥有诸多鲜明的特征：首先，是故事云聚合。把网络资源汇聚在一个云平台上，从而找到关注内容的各个方面，优化内容传播的途径，提升传播的实效性和有效性。比如，在国外有脸书、推特、照片墙等社会化媒体平台，在我国有新浪微博、微信、哔哩哔哩站等社交化媒体平台，这些平台已经将故事云聚合做得很好了。其次，是视频的广泛应用。从传播效果上来说，视频比单纯的文字或图片信息更易让受众产生记忆和吸引其关注。随着抖音、熊猫直播、快手等短视频平台的兴起，视频的发布者不一定是拥有专业拍摄设备与专业拍摄和剪辑技术的行业人员，普通受众用手机拍摄就可以收到不错的效果。从各种官方机构到民间自发组织，从诸如世界500强之类的知名企业到独具风格的私人企业，从声名在外的达官贵人到身处民间的山野农夫，都热衷于或者试图跻身于视频领域，希冀坐收其带来的传播红利。再次，是氛围智能。这是一项创造性应用，许多与虚拟现实或智能应用相结合的方式在这个空间里都可以实现。时下，诸如亚马逊的数字系统Amazon Echo，iPhone的Siri语音系统，百度、腾讯、华为等开发的语音系统，都可以提供颇具实用性和功能性的人工智能功能。你只需说"打电话给妈妈"，系统就会自动拨电话给妈妈。这个载体可以是你的手机、电脑等移动终端，也可能是汽车智能屏，还有可能是智能机器人。最后，是质胜于量。也就是说，内容的质量比数量更重要。数字传播使得信息的传播速度开启了以秒为单位的时代，信息的泛滥程度也可以用"洪水猛兽"一词来形容，这就越发凸显出了内容的重要性，深层次的内容足以影响受众的观点建立和引导其行为的去向，更具影响力的事实将会得到快速的传播。正如国际律师事务所富而德（Freshfields）所主持的一项调研结果显示：当危机发生后的一个小时之内，已有28%的信息在网上传播了。因此，网络受众的情绪绘测、意见领袖的言论指引，都需要及时观察和有效沟通。这也是数字传播带来的新挑战和新机遇。

中国在经历了改革开放40多年的发展之后，社会文化结构正经历剧烈的变动。在现代化进程中，城乡一体化建设导致的千城一面、乡村空心化和边缘化带来了社会文化上的阵痛，加之海外强势文化的入侵，其大肆通过网络游戏、电影、电视剧、流行音乐等方式融入中国人的大众消费之中，多元文化价值观的交织与冲突，使得中国主流价值观面临的传播较之以往更加复杂和多变。

令人欣喜的是，近年来，当代中国主流价值观在建构与传播过程中取得了诸多富有成效的实践，这其中包括社会主义文化强国战略的提出与实践、社会主义核心价值体系的建立、中国文化软实力的建设与实践、以价值共享讲好"一带一路"故事、总体国家安全观的提出等。这些实践都很好地助力了当代中国主流价值观的传播与建构。当然，眼下我们在传播策略方面还有诸多需要解决的问题。如何最大限度地发挥文化制度的力量，利用好文化市场机制的作用，着力推进国际传播能力的建设，实现当代中国主流价值观传播的有效性和广泛性，都是笔者在本书中着意思考和回答的问题。

第一节　对相关研究文献与研究课题的梳理

一、国外研究现状

笔者在 Web of science 和 Springer Link 数据库里以高级检索 multiculturalism（多元文化主义）、cultural values（文化价值观）、cross-culture（跨文化）检索，检索时间为 2022 年 3 月 10 日，共获得 789 篇文献。其中，Chapter（章节）392 篇、Article（文章）160 篇、ReferenceWork（参考条目）214 篇、会议论文 23 篇。通过梳理后发现，这 700 多篇文献的时间为 1988—2022 年，涉及教育、社会科学、心理学、政治学和国际关系、商业和管理等 10 个学科。其中，教育学科的文献数量为 150 篇，占比最大；社会科学的文献数量为 119 篇，占比次之。考虑到本书的研究课题立足于分析主流价值观的传播策略，笔者期望在外文文献中找到不仅仅是价值观的提及和研究，还期望从国外教育领域尤其是跨文化教育与交流领域，窥见中西方价值观的互动和交流。因此，笔者将涉及教育和社会科学两个学科的 269 篇文章全部列入精读范围。接下来，笔者将以文章的发表时间为序，对具有实质性研究意义和价值的 24 篇文献进行一个简要的介绍和引述。

Liren Beniamin Zeng 于 2000 年在 *The Cultural Connection* 一文中，对 1979—1998 年中国大陆《读者》《大众电影》《人民画报》《中国青年报》《民主与法制》和美国 *Arlantic Monthly*、*Life*、*Reader's Digest* 期刊上的广告进行语义分析，发现中国广告形式在全球化的影响下发生了巨变，然而意外的是：中国广告所体现的文化价值观和意识形态呈现相对稳定的状态。

Robert J. Lieber 和 Ruth E. Weisberg 于 2002 年 11 月 在 *International Journal of Politics*, *Culture and Society* 上 发 表 了 *Globalization*, *Culture*, *and Identities in Crisis* 一文，作者认为在日益全球化的世界中，文化已成为世界竞争舞台的中心。与贸易、援助、投资和贫困等经济问题相比，文化正在成为更深层次、更棘手的问题，由其带来的问题更难解决。各种形式的文化已经成为全球化和现代价值观的主要载体，并构成了争夺民族、宗教和种族认同的重要舞台。尽管在现代价值观盛行的欧洲、日本和其他社会的反应平平，但是在发展中国家和地区，尤其是伊斯兰国家，反应是发非常激烈的。这种冲突与其说是文明之间的冲突，不如说是文明内部的冲突。

Carolyn A.Lin 于 2001 年发表了 *Culture and Anarchy* 一文，通过定量和定性相结合的方法研究后发现，中国广告所反映的文化价值观在总体层面上呈现稳定状态，但也出现了新的变化，即"年轻"和"时尚"两个指标在中国广告文化价值观层面趋于主流地位，这与美国广告文化价值观的整体状态呈现出惊人的一致。

Zhang Jing 和 Sharon Shavitt 于 2003 年发表的 *Culture:A Critical Riview of Concepts and Definition* 一文，对涉及中国的 240 条杂志广告和 223 条电视广告进行详尽的内容分析后认为，这些广告的共性是它们包含了 4 项文化价值观指标，分别是现代性（modernity）、传统（tradition）、个人主义（individualism）和集体主义（collectivism）。在验证这些文化价值对中国新一代产生何种影响的实验中发现：产品无论在私人场合，还是在公共场合，对广告中所呈现的价值观都有决定性的影响。此外，作者还在研究中发现：占据中国广告文化价值观主体地位的指标是"现代性"和"个人主义"。同时，杂志广告和电视广告呈现的主要文化价值指标也有所不同，前者主要是"现代性"和"个人主义"两个指标，后者主要是"传统"与"集体主义"两个指标。

Zhang Yanbing 和 Jake Harwood 于 2004 年发表了 *Cultural Cooperation: Keynote of the Coming Age* 一文，借用了传统价值观、现代价值观和实用主义价值观这样三个维度来考察中国大陆的电视商业广告（496 条），进而将这三个维度细分为具体的 13 个可以度量文化价值观的指标。最后的研究结果表明：中国电视商业广告中最流行的是实用主义价值观，而传统价值观和现代价值观所占的比例大致相当。

Jeni Warburton 于 2006 年 10 月在 *J Cross Cult Gerontol* 上发表了 *Passing on Our Culture: How Older Australians from Diverse Cultural Backgrounds Contribute to Civil Society* 一文，通过对澳大利亚移民中的老年人群体进行数据研究后发现：澳大利亚有 1/5 的老年人是出生在非英语国家的移民，他们在家庭和社区当中非常活跃，其方式与澳大利亚主流老年人完全不同，来自不同文化背景下的这些老年人在维护或促进他们自身文化和价值观方面发挥着重要的作用，在处理与年轻人的关系中他们通常会以祖父母或者长者的身份鼓励和支持陷入困境的年轻人，并为社区做出积极的贡献。

Justine Johnstone 于 2007 年 9 月在 *Ethics and Information Technology* 上发表了 *Technology as empowerment: a capability approach to computer ethics* 一文，关注到了在计算机普及和应用的全球化状况下，原有的计算机伦理文化无法处理更加复杂的新问题，例如数字鸿沟和全球化问题。于是，作者引入了能力理论。在他看来，能力理论可以涵盖更广泛的当代关注点，例如通过关注价值观，有助于使伦理讨论与我们对真正重要的事情的直觉保持一致，而不是与任何特定伦理理论的方法论保持一致。通过提供平等和最低限度标准的模态功能，可以为我们提供更好的工具来处理诸如全球化和数字鸿沟的问题。能力理论重新关注最终价值领域作为优先考虑和对伦理分析的补充，成为构建新领域的一种有效方式。

Rowhea Elmesky 于 2009 年 10 月在 *Cult Stud of Sci Educ* 上发表的

Rap as a roadway: creating creolized forms of science in an era of cultural globalization 一文，是一篇实证研究的论文，作者用 3 年多的时间跟踪和研究一群喜欢说唱的黑人高中生，通过观察和记录他们 3 年的变化，来探讨文化全球化时代如何塑造青年这样一个话题。作者认为说唱是嘻哈文化的一部分，自 20 世纪 80 年代以来，文化全球化使得嘻哈文化成为全球范围内的广泛方式。特殊的人群和个人，尤其是那些在他们国家的社会和教育机构中最边缘化的人，以感觉合适的方式分配和修改说唱实践，使得嘻哈成为世界范围内的城市配乐。说唱让黑人年轻人以创造克里奥尔化的形式参与了科学课程，并获得了身份的认同。这就牵扯出另外一个话题，那就是全球化和科学教育的关系。可以说，全球化和科学教育的关系是科学教育改革的重点课题之一。重视非商品化的知识形式、关系、活动和生活的各个方面，并将文化认可和社会再分配纳入改革议程是有必要的。

S.N.S. Rattan 于 2010 年 4 月在 *J Adult Dev* 上发表了 *Self, Culture, and Anxious Experiences* 一文，作者在加拿大温哥华市做了一个定性研究，受试者是有着多元文化背景的年轻人，包括亚裔加拿大人、印度裔加拿大人、牙买加裔加拿大人、日裔加拿大人和韩裔加拿大人。作者通过研究后发现：受试者在主流文化环境中经历了赋权和约束力，如果在日常互动中遭遇约束力，可能会导致他们的焦虑感，如果这种焦虑感在长时间内得不到缓解就会出现情绪困难。多元文化的年轻人自我体验是复杂的，这一方面与其所居住的社区和种族有关，另一方面与加拿大社会中存在的权利关系有关。个人需要在协调焦虑和自我体验的过程中，重拾自我、种族认同和价值观。

Arjo Klamer 于 2011 年 2 月在 *Rev Austrian Econ* 上发表了 *Cultural entrepreneurship* 一文，论证了文化创业在文化价值实现方面的作用。作者在文中以波士顿交响乐团的成立和美术博物馆的建立过程为例，分析文化企业家在经营过程中传递的文化价值信息，比较了知识、经营空间、文化、价值维度、说服力、价值观、判断力、领导力等因素在文化创业过程中的微妙关系和共同作用。

Michael R.Olneck 于 2011 年 8 月在 Asia Pacific Educ. Rev 上发表的 Facing multiculturalism's challenges in Korean education and society 一文，立足于韩国多元文化政策的核心矛盾——将配偶一方是韩国人的移民家庭排除在韩国多元文化框架之外，认为韩国的多元文化政策面临着多元文化带来的各种挑战，即差异的困境、包容的可变条件和合法性。在种族多样化相对复杂、意识形态同质化比较普遍的现状下，处理韩国教育和社会中的多元文化需要有更强有力的措施。

Deirdre M.Kelly 于 2011 年在 *Stud Philos Educ* 上发表了 *The Public Policy Pedagogy of Corporate and Alternative News Media* 一文，系统地研究了1999—2008 年加拿大不列颠哥伦比亚省社会正义课程变化的新闻报道，分析这一重要政策是如何在新闻媒体的框定下被制定的，表明主流新闻业是如何限制公众辩论并导致出现传播的"两个极端"。与此同时，作者借鉴了南希·弗雷泽的民主理论，认为随着"底层反公众"的形成，有时会出现另类媒体。在那里，另类公众的成员就他们感兴趣的议题进行辩论，并就如何在更广泛、以大众为媒介的公共场所发表意见和制定策略。这种非单一的、多公众模式对新闻业的发展将产生不小的影响。

Leslie Jumper-Reeves 于 2013 年 2 月在 *Prev Sci* 上发表了 *American Indian Cultures: How CBPR Illuminated Intertribal Cultural Elements Fundamental to an Adaptation Effort* 一文，指出在美国寻求社会服务的少数族裔人口数量不断增加的背景下，多元文化范式转变正在发生并加速。这种转变将越来越多地要求预防计划和干预措施更具文化响应性。作者通过基于社区的参与式研究为文化主流以外的人群调整预防干预措施所必需的文化要素和过程，讲述了研究人员在美国西南城市与印第安青年、成年人合作开展的研究项目和成果，是一篇富有实证研究精神的文章。

In-Jin Yoon 于 2014 年发表了 *From a Migrant Integration of Distinction to a Multiculturalism of Inclusion* 一文，作者在分析全球多元文化主义的过程中，发现其在欧洲失去了民众的支持，但是在东北亚却引起了公众的兴趣和政策关注，特别是自 20 世纪 90 年代以来，韩国对多元文化主义做出了积极应对，这种应对体现在对移民的接纳和帮助其进入主流社会。移民可以在私人领域保持自己独特的文化和身份，但作为共同的社会成员，他们已经隐性地同意接受东道国的文化，共享同一个国家的公民身份。在少数民族很少且没有影响力的韩国，主流群体及其文化的地位是无法撼动的，这是社会秩序的基础，但是需要将社会成员的资格认定，尤其是移民群体的认定，建立在更具包容性、普遍性和民主性的标准上。

Klaartje Van Kerckem 于 2014 年在 *Qual Sociol* 上发表了

Pushing the Boundaries: Responses to Ethnic Conformity Pressure in Two Turkish Communities in Belgium 一文，作者通过对在比利时生活的第二代和第三代土耳其人的深入采访，发现土耳其人在他们自己的群体和占主导地位的人群之间构建了象征性的界限，整个土耳其人社区试图通过各种方式来维持这个界限以间接应对种族的一致性压力。当社区人员通过放弃土耳其文化和身份的某些方面来"跨越边界"时，他们会被污名化为比利时人，在严重情况下不再被接受为社区成员。对于女性来说尤其如此，她们与许多其他种族社区一样，被认为是维护种族界限和群体认同的主要责任人，但是社会控制带来的从众压力并非不可避免，社区的个别成员会以特定的印象管理策略对其做出反应，这种策略从广义上可以区分为从众、创造性和无视三种策略。人们选择哪种策略取决于许多相互关联的因素，特别是违规的严重程度、族裔社区的社会结构、他们的性别、他们自身和其父母在社区中的嵌入程度，以及替代方案的可用性支持网络。

Heesoon Bai 于 2015 年 9 月在 *Stud Philos Educ* 上发表了 *Towards Intercultural Philosophy of Education* 一文，指出我们应该公正、恭敬地参与和扩展我们对概念与生活实践资源的知识及理解，尊重和学习不同的历史、文化与传统。这样的尊重为我们跨越分歧走到一起提供了响应性的条件。尊重的方式之一就是从东方的佛教文化中汲取前进的力量。佛教通过扩展行动的意义，提供了理解社会变革的另一种方式。在佛教中，行动是需要内部和外部实践的包罗万象的概念。为了促进我们内在行为以及外在行为，我们必须对人性、社会和整个世界的本质有一个深刻的信念，并不断地培养它。这种向文化性和跨文化性的转变，对于当代来说，是一个至关重要的伦理要求。我们不仅要对不同的价值观敞开心扉，还要有意识地、积极地参与其中。

Badrudin Amershi 于 2019 年 3 月在 *AI & SOCIETY* 上发表的 *Culture, the process of knowledge, perception of the world and emergence of AI* 一文指出，随着技术的发展，我们正处于一场科学革命之中，这场革命不仅会彻底改变我们的生活方式和工作方式，而且还会对文明和国际政治秩序根基的稳定构成挑战。因此，我们所有的注意力和努力都应集中在减轻它对生活与社会的影响上。技术是人的文化和社会表现，而不是一个独立的准"自然"事件。技术发展的方向取决于它的文化和社会基础。因此，改变"文化外衣"肯定会带来不同的视角。随着全球化进程的加快以及这些特定形式技术和知识获取的传播，早期的东方价值观已经沦为边缘。通过改变文化视角，我们可以重新构建关于谁和什么控制着当前技术过程的原始问题，那就是所有文化在发展过程中都产生了不同的思考方式和应对世界的方式。在西方，启蒙时代引发了思维方式的革命性转变，并将西方思想从宗教、先验"信仰"、先入为主的"真理"和相关束缚中解放出来。不同的文化背景可能产生不同的技术。这种文化参数的改变，与东方的感知和认知体系、相互依赖和普遍和谐（人与自然之间，以及人与自然之间）的价值观相一致，可能是重新构建我们与技术和技术过程关系的可行性选择。所以，理性可以建立在伦理和道德标准的基础上来评估我们所有的行为。这可能会重新点燃关于东西方文化的古老争论。这里有必要提醒一下：在当前全球化状态或一个环环相扣的世界中，这一过程不可能产生特定于文化的结果。这促使我们采取全球性的观点，并试图把以前讨论过的东方价值观重新置于关注的中心。

Lorenzo Baravalle 于 2019 年 5 月在 *Synthese* 上发表了 *Cultural evolutionary theory as a theory of forces* 一文，讨论了文化进化论文献中两个反复出现的类比意义和范围：一个是牛顿类比，一个是动力学类比，并区分了文化进化论中的两种解释，即起源解释和分布解释，它们分别旨在解释文化动态的出现和文化变体分布的变化。在将牛顿类比和动力学类比与人口思维的两种不同解释联系起来之后，作者发现只有动力学框架才能正确解释文化进化理论中的分布解释。文化变体也不是类似于基因的自主复制器，而被认为是一种心理或行为表征，其特殊性是其在文化传播上构成了文化建构的生态位。尽管基因和文化变体之间存在差异，但文化传播通常被认为足够忠实，可以构建一种有效的遗传渠道。在文化变迁中不仅仅存在个人互动，动力学解释为文化变革提供了一个足够广泛的框架，以进一步发展更全面的社会科学。

Kunlin Xu 和 Judy Drennan 于 2009 年 10 月在 *Journal of International Entrepreneurship* 上发表了 *Immigrant entrepreneurs and their cross-cultural capabilities: A study of Chinese immigrant entrepreneurs in Australia* 一文，采用跨文化视角在对澳大利亚的中国移民企业家进行访谈的基础上，通过定性研究的方式来考察这些移民企业家在跨境商业中的心理适应能力和社会文化适应能力建设，并认为其可以通过学习和适应国际商业环境中的新文化、利用双文化的灵活处置、平衡双重社会环境中的经营情境，促进母国和东道国之间的文化流动，将人类文化资本和社会资本相结合，为自己在国际市场上创造竞争优势。

Elizabeth A. Minton 和 Soo Jiuan Tan 于 2020 年 11 月 在 *Journal of Business Ethics* 上发表了 *Drivers of Sustainability and Consumer Well-Being: An Ethically-Based Examination of Religious and Cultural Values* 一文，将新加坡作为研究样本，利用质量控制技术从基层获取数据信息和跟踪测试结果，表明宗教和文化价值观会影响大众可持续消费的能力，而且会对社会福祉产生积极的影响。与此同时，作者发现文化价值观正发生变化，这种变化迫使伦理学家认识到文化价值观的开放性与道德行为之间的关系转变，重启文化伦理学的模型建构。

Fernando Nunes 于 2021 年 3 月 在 *International Journal of Mental Health and Addiction* 上发表了 *Critical and Intersectional Perspectives on Immigrant Youth Cultural Identity* 一文，通过心理学和经验主义的定量研究，并结合移民青年文化认同研究的不同方法（包括批判性方法），来探索移民青年文化认同的形成过程。移民青年有着不同的国家、文化背景和移民经历，尤其是独特的历史、文化、政治和社会经济背景，其文化身份的形成和文化认同的发展是一个跨学科、交叉性的复杂研究过程。作者认为青年的主体性这个主观因素是至关重要的，不能被批判理论家们遗忘，因为即使是生活在文化霸权和限制条件下的青年，其文化认同的选择也会受到他们自身微系统、外系统和宏系统力量的影响。

Alev Yücel 于 2021 年 10 月在 *International Journal for Equity in Health* 上发表了 *Symbolic annihilation of Syrian refugees by*

Turkish news media during the COVID-19 pandemic 一文，采用内容分析的方法，对在 COVID-19 流行期间土耳其媒体关于叙利亚难民的新闻报道进行分析和研究，发现尽管有近 400 万叙利亚难民居住在土耳其，但是叙利亚难民在 COVID-19 流行期间被土耳其媒体象征性地歼灭，没有任何媒体关注难民的困境。这就验证了一个观点，那就是当媒体通过影响价值观、传播观点的方式来影响公众，刻意忽视一个社会群体（尤其是弱势群体）时，这个群体的价值就会降低，他们的问题就会变得微不足道。

Annalisa Cicerchia 于 2021 年发表的 *Culture Indicators for Sustainable Development* 一文，探讨了文化与可持续发展之间的关系，包括文化价值和文化的内在价值，以及作为可持续发展的潜在独立支柱的文化（其余三个支柱为环境、经济和社会）。文化通过促进人们的智力、情感、道德和精神福祉，使每个人都能行使其人权，包括文化权利。作者在文中还试图探索和讨论用于构建联合国教科文组织文化 2030 指标的文化操作概念，以探讨数据来源及其可行性的方式得出结论：未来的文化研究需要在统计数据的改善上下功夫，以此来确定目标和参考值，才是支持可持续发展文化政策研究的必由之路。

Paul Agu Igwe 于 2022 年在 *Cross-cultural Tribes, Community and Indigenous Entrepreneurship* 一文中，对西非尹博、富拉尼、豪萨和约鲁巴四个流行部落的本土企业家创业案例进行分析，比较了创业行为的独特文化和土著元素。研究表明：本土文化和社会环境为本土企业家提供了一个平台，让其有信息可以优化和配置资源，克服制度障碍和劣势，并通过跨文化合作的形式战胜挑战和走出困境。土著群体成功参与经济发展是家庭取向、制度环境和文化取向之间的关系不断发展的结果。

最后，笔者对本节进行一个简要的说明和综述：一是为什么要在外文文献的检索中选择"multiculturalism""cultural values""cross-culture"三个词检索，是因为笔者试图在外国学者中寻找有关多民族、多国家、多文化的交叉性研究，并希冀找到涉及欧洲、美洲、亚洲，尤其是涉及中国或者亚裔的对比性研究成果，来窥视国外学者对中西方价值观或者文化的差异性研究进程。二是上述所选的24篇外文文献，其作者来自美国、加拿大、英国、意大利、奥地利、比利时、土耳其、澳大利亚、韩国、新加坡、埃及等国，可以说涉及全球四大洲。从文献的研究成果来看，文化的多元性也得到了很好的论证，无论学者是依据什么样的研究来进行文化或者价值观的研究，我们都可以从结论中看出，文化或者价值在社会中的关键性作用是毋庸置疑的。三是上述文献涉及了心理学、社会学、新闻传播学、经济学等诸多学科，研究方法涉及文本、访谈、数据采集与分析、社会统计等定量研究和定性研究，研究对象也涉及少数民族、移民、难民、青少年、企业家等多个丰富的人群主体，为我们研究文化和价值观提供了一个很好的范例，那就是研究文化和价值观不能空口无凭，缺乏数据或者论据的支撑，也不能一孔之见，忽视多方面、多层次分析和研究的重要作用。

二、国内研究现状

笔者在中国知网数据库中以"主流价值观"为关键词进行检索，检索时间为2022年3月10日，共获得444篇文献。其中，学术期刊文章392篇、硕士论文 24 篇、国内会议论文 4 篇、国际会议论文 2 篇、报纸文章 22 篇。通过梳理后发现，这 444 篇文献的时间跨度为 2001—2022 年。学科跨度涉及新闻与传媒、戏剧电影与电视艺术、高等教育、思想政治教育、中等教育、中国政治和国际政治、伦理学、中国文学、政党及群众组织、文化、哲学、教育理论与教育管理、文艺理论、社会学及统计学、企业经济、环境科学与资源利用等 20 个学科。其中，新闻与传媒学科的文献数量为 154 篇，占比最大，约 35%。因为本书的研究课题立足于分析主流价值观的传播策略，因此，笔者对检索到的 154 篇涉及新闻与传媒学科的文献进行了全景式的分析，将其中涉及传播论述的文章进行了筛选和精读。接下来，以发表时间为序，对笔者认为具有实质性研究意义和价值的 20 篇期刊文献进行一个简要的介绍和引述。在这 154 篇文献中还涉及 5 篇硕士学位论文，为此，笔者还挑选了与本文研究课题相关的 4 篇学位论文在后文单独进行了一个简要的介绍和引述。

张立勤 2007 年在《中国记者》第 5 期上发表的《泛娱乐化浪潮与主流价值观传播：从"追星女"悲剧谈起》一文，通过"追星女"悲剧事件透视泛娱乐化浪潮下主流传播价值观的缺失及其根源，并在此基础上探讨可行性的对策，给媒体提供理性的警示。

茅佳妮 2010 年在《中国广告》第 10 期上发表的《无限数字广播网引领主流价值观传播的新变革：东方明珠移动电视世博宣传效果凸显》一文，通过分析在世博会宣传期间，上海东方明珠移动电视在无限数字广播技术的支持下，实现第一时间发布突发、预警讯息，将政府、社会、百姓的主流声音广而告之，来展示户外媒体在主流价值观传播中的新突破。

杜淦焱 2011 年在《新闻界》第 5 期上发表的《主流价值观的创新传播方式：浅析娱乐节目在传播主流价值观中的作用》一文，通过分析《中国达人秀》这档电视选秀节目在火热背后的逻辑——观众追捧的不仅是选手的表演，更是对选手身上所体现出来的精神和价值观的肯定，来阐释自己的主张，即社会主流价值观的传播不仅局限于传统的新闻报道和宣传，娱乐节目在传播社会主流价值观中也具有独特的作用，而且传播效果更加显著。

崔平 2012 年在《采写编》第 6 期上发表的《论主流价值观在新闻中的有效传播》一文，通过透析泛娱乐时代下新闻传播的深度功能被逐渐弱化，其所承载的主流价值观在传播中阻力重重的现实，试图从多角度切入，在当代传媒环境中如何做到主流价值观有效传播。

钱蔚 2015 年在《中国记者》第 4 期上发表的《坚持特质　讲好中国故事：央视综合频道主流价值观传播的创新之路》一文，讲述了中央电视台综合频道坚守责任和担当，深入挖掘社会主义核心价值观丰富内涵，用心、用情讲好中国故事，以打造自身特质来争取媒体竞争主动权，抢占舆论主阵地，具体做法有两点：一是坚持对时代现实的关注，二是坚持对真实需求的呼应。

舒畅 2015 年在《新闻战线》第 15 期上发表的《主流价值观传播的策略选择》一文，提出在当下中国，新媒体以其无处不在、不可抗拒的力量，深刻地改变了传播学中的传受地位与作用力，如何提升新媒体传播主流价值观的使命意识和实际效能，是一个必须上升到国家战略高度来把握的重大历史课题。

马翔 2016 年在《西部广播电视》第 5 期上发表的《新媒体传播转型视阈下的主流价值观建构》一文，认为蓬勃兴起的新媒体技术，促进了传播方式与传播手段的变革。在此基础上，新媒体传播利用电子通信工具与社会深度融合，其在主流价值观建构方面所发挥的作用也越来越明显，文章着重探讨了新媒体传播转型视阈下主流价值观的建构问题。

欧阳雨婷 2016 年在《新闻研究导刊》第 7 期上发表的《新媒体对提升大学生主流价值观传播效果研究》一文，认为新媒体技术的应用及其造就的信息传播新形态，已然对社会生活各个领域带来了全面、深刻的影响，使得在多元与多样文化土壤上成长起来的当代大学生享受着新媒体带来的物质资源的同时，也借助新媒体手段寻求自己的价值认同。新媒体作为意识形态传播的新介体，对大学生主流意识形态认同既有积极的影响，也有消极的效应。新媒体背景下大学生主流意识形态认同建构如何扬长避短，积极发挥新媒体对大学生主流意识形态认同的正面功能，规避新媒体对大学生主流意识形态认同的消极影响，是亟待研究的一个新课题。

刘秉银 2016 年在《青年记者》第 26 期上发表的《媒体娱乐化对主流价值观的冲击及对策》一文，探讨了近年来在市场经济的冲击下，媒体机构为适应受众口味，发挥媒体的娱乐功能，在运营模式、操作方法、编辑流程等方面以商业化为导向，以娱乐化为手段，通过不断推出渗透着娱乐元素的媒体产品来实现媒体品牌价值的提升和商业利益的最大化，对主流价值观造成了不小的冲击，并提出了自己的应对策略。

潘月 2017 年在《新闻世界》第 2 期上发表的《新媒体如何传播主流价值观》一文，以《人民日报》微信公众号为例，分析传统媒体利用新媒体传播主流价值观的路径，并总结出了三个特色：雅俗共赏平台的建设、话语模式的转变和平等传播意识的凸显。

匡艳丽 2018 年在《中国广播电视学刊》第 9 期上发表的《新媒体时代大学生主流价值观培育认同的技术路径》一文，指出新媒体的传播特性迎合了青年大学生日益增长的自我言说欲求，已成为他们广泛接受的价值影响载体。与此同时，日趋多样的强关系传播媒介、普遍存在的封闭式评论场域、媒体把关人的缺失等，致使异质社会思潮、网络谣言等传播迅捷且肆意泛滥，引发人们对大学生网络道德失范行为和价值观形塑的担忧。大学生主流价值观的培育，需要在厘清新媒体时代青年大学生网络不良行为的特点及其成因的基础上，结合新媒体特性，在传播理念和引导策略上找准着力点以确保精准施测。具体而言，就是要构建"线性—立体"教育范式，促进大学生主流价值观的生活化转向；培育积极的社会心态，构建大学生主流价值观认同的良性话语场；加强网络空间立法立规，重塑大学生主流价值观认同的媒体生态。

宋建武、黄淼 2018 年在《新闻与写作》第 9 期上发表的《信息精准推送中主流价值观的算法实现》一文，以移动传播环境下信息精准推送为研究对象，从社会环境和技术逻辑入手分析其发展动因和当下困境，再依据香农和霍顿对信息的概念界定探讨信息的本质价值，并基于肯尼斯·阿罗的一般可能性定理论证，即便是在通过制度或技术保障多数人抉择权利的现代民主社会，为了提升达成社会共识的效率，也需要主流价值观的引领，并根据新闻价值五要素的概念框架提出了兼具科学合理性和实践可行性，且可以体现主流价值观的算法机制改进建议。

李玥 2019 年在《中国记者》第 5 期上发表的《网络媒体弘扬主流价值观路径探讨》一文，通过分析近年来在网络上出现的优秀新闻作品，探讨了在新的舆论格局中如何利用多种技术和平台，积极弘扬网络主流价值观，营造清朗的网络空间，实现传播力、引导力、影响力、公信力提升的目标，其实现路径是：围绕重大主题做足正能量报道、依托媒体特色精选报道角度和善于挖掘基层典型人物。

贠琪 2020 年在《人民论坛》第 17 期上发表的《短视频传播主流价值观的新路径》一文，认为网络短视频凭借短平快的特点，开创了草根创作、广泛参与、多元互动的网络传播新局面，拓展了文化产品生产及传播的深度及广度，为主流价值观的传播提供了新路径。与此同时，因内容的良莠不齐，网络短视频为主流价值观的传播也带来了挑战。在新路径上，将创新短视频应用于主流价值观的传播中，着力提高主流价值观传播的精准化、个性化水平变得十分必要。

李晶 2020 年在《国际传播》第 4 期上发表的《美国主流价值观全球传播的循环逻辑及其威胁》一文，基于对美国主流价值观的历史考察，对其全球传播的循环逻辑进行提炼和阐释，并进一步就其可能导致的对人类共同价值的认知错位与对他国形象和文化主权的威胁进行了探讨及批判，认为美国主流价值观在全球化背景下表现出强大的扩张能力，对其他国家或地区的主流价值观构成挑战，表现在对人类共同价值的认知错位、为美国诋毁他国寻求合理性依据、造成文化间的不平等互动三个层面，并指出其价值观输出的本质是文化帝国主义。

李云 2021 年在《视听》第 2 期上发表的《融媒体纵深发展对于主流

价值观传播的影响》一文，指出当下媒体融合的纵深发展是大势所趋，对于传播主流价值观有不同层面的影响。在渠道方面，传统媒体和新媒体依靠各自的资源优势和流量优势，打通渠道的限制，更有效地传播主流声音。在社会治理方面，网络的匿名性给予每个人发声的权利，公共事件的讨论融入了更多元的声音。在进行媒体治理时，更深入传播主流声音。在科技方面，依托 5G 商用，万物皆媒带来个人、群体的深层数据，媒体利用数据整合更精准、更广泛地传播主流声音。

叶洋 2021 年在《传媒论坛》第 4 期上发表的《算法推荐与主流价值观的传播》一文，提出算法推荐技术在信息的分发和推送中的规范运用，使得信息的分发精确契合了用户的需求，但是对意识形态建设形成负面效应。移动互联网时代，算法推荐技术的运用避免对意识形态建设造成不利影响，可以通过技术革新反向推荐主流价值内容、人机结合加强主流价值宣传、巧用算法机制形成主流舆论引导力、加强管理算法精准主流内容推送等四个层面的努力实现舆论引导能力的提高。

高子涵 2021 年在《新闻爱好者》第 7 期上发表的《融媒体时代电视传播主流价值观的路径拓展：解读＜电视媒体与社会主义核心价值观传播研究＞的无形力量》一文，认为新兴媒体的发展改变了传播业态，媒介融合成为传统主流媒体发展的新形态，推动传统主流媒体向新型主流媒体转变，这是中国媒介变革的产物，也是新兴媒体与传统主流媒体深度融合的结果。要抓紧做好打造新型传播平台的顶层设计，构建新型主流媒体，拓展主流价值的影响力版图，使党的声音传播得更广、更开、更深入，要坚持正确的舆论导向、政治方向、价值取向，就必须通过多种路径的拓展，例如以个性化叙事升华情感、聚焦典型引领主流价值观、以微视频传播引领社会主流价值观等做法。

王秋萍 2021 年在《中国广播电视学刊》第 10 期上发表的《从"建党百年"宣传看全媒体语境下主流媒体实现主流价值观传播的有效路径》一文，认为在庆祝中国共产党建党 100 周年之际，主流媒体可以通过四条有效路径，即规模化全媒体传播、数字技术赋能、共情能力增强、节目视角与样态突破，来实现主流价值观传播，使党史教育宣传充满澎湃的情感挚爱，引导民众传承红色基因，赓续红色血脉，在增强主流媒体传播力、引导力、影响力和公信力的同时，凝聚起全民的理想信念。

赵婉华 2022 年在《传播与版权》第 3 期上发表的《高校在弹幕视频网站主流价值观的传播策略：基于哔哩哔哩网站》一文，认为哔哩哔哩网站作为青年亚文化群体聚集的弹幕视频网站，吸引了大量大学生用户入驻网站成为 UP 主。目前，国内多所高校已入驻哔哩哔哩网站，其投稿视频呈现主题丰富性、互动即时性、语言网络化、表达碎片化等特征，但是高校在哔哩哔哩网站的投稿视频也存在高校与学生双向互动缺乏、原创投稿视频数量不足、视频呈现泛娱乐化、主流价值观传播力度被消解等问题。高校作为大学生主流意识形态传播的重要前沿阵地，其要充分利用哔哩哔哩网站等弹幕视频网站，注重投稿视频的量和质；提高互动频率，实现双向沟通日常化；严守投稿视频政治定位，构建主流意识形态话语；结合自身实际，提升主流价值观的传播影响力。

接下来，笔者将检索到的 4 篇与本研究相关的硕士学位论文进行一个简要的综述。

　　赵婧（东北师范大学）2011 年的硕士论文《试论我国主流媒体对当代社会主流价值观的传播》一文，认为作为调节人们行为的指导思想社会价值观，自人类社会产生时就在人们的日常生活中发挥着重要的作用。当今社会，大众传播继承了原来由宗教和教育执掌的权力，为社会成员提供这种"共识"。主流传媒的价值所在就是为受众梳理和整合看似杂乱无章的资讯，同时提供有序而冷静的观察与分析，以一种无形的力量，通过对日常生活经验进行重塑，唤起社会的反思，达到重新启蒙的目的，构成当代社会的"新的权力核心"。随着经济快速发展和科技不断进步，信息传递和获取越来越快捷，媒体对主流价值观传播的作用越来越突出，做好国家主流媒体意识形态传播工作，关系党和国家工作的全局，关系改革和经济社会发展的大局，关系国家的长治久安。

　　张语珂（云南师范大学）2014 年的硕士论文《"快资讯"时代的"慢新闻"策划制作与主流价值观传播研究》一文，认为以互联网为代表的新媒体的迅速崛起，给传统媒体带来了巨大的冲击。面对新媒体的冲击，传统媒体，尤其是报纸，为了提高新闻的时效性，短平快的稿件占据了报纸的主要版面；为了抢夺被新媒体大量分流的受众市场，民生新闻、街头新闻迅速发展，但也带来了暴力、血腥、低俗的新闻媚俗化问题。同时，新媒体的发展促使受众阅读和使用习惯发生了改变，传统媒体的话语霸权被打破，平民草根文化的发展带来了各种社会思潮的涌现，加之传统媒体，尤其是主流媒体在当前媒介环境中社会责任的缺失，消解了社会主义核心价值体系。自美国《时代》周刊开始提出立足"慢新闻"制作起，我国媒体和学界也开始将"快资讯"时代的"慢新闻"制作视作纸媒重拾自身优势，以深度对速度、以厚度抗广度、以观点塑价值的新方向。"慢新闻"作为一种特殊的新闻报道方式，目前还处于理念大于实践的阶段。该文首先从"慢新闻"策划制作提出的背景入手，立足新媒体对传统媒体的冲击、传统媒体自身定位的模糊和社会责任的丧失，分析了"慢新闻"对重拾传统媒体优势，重新唤起社会主流价值观回归的必要性、可操作性和实践意义。同时，通过对深度报道、调查性报道和"慢新闻"的对比分析，对"慢新闻"的概念进行了界定，即"选题立项——记者通过社会实践参与新闻的发生和发展——传播主流价值观"的基本发布流程；基于新闻社会学理论的体验式、社会调查式和观察式报道方式。其中，记者的主动关注和参与、策划性报道是"慢新闻"的特点，而传播主流价值观作为"慢新闻"体现其新闻价值的重要方面，是"慢新闻"策划制作的出发点和落脚点。在"慢新闻"的具体操作实施方面，通过对昆明报业集团旗下《都市时报》"慢新闻"报道的实证研究，从选题、采访、制作到刊发后的传播效果，分析了"慢新闻"策划制作过程的立项事前评估、记者保障制度、实施及事中调控三个方面的具体问题，初步提出了从立项到采访、主推报道后，引发多媒体互动扩大传播影响力，或是带动媒体、社会与政治同行的基本报道模式。

周浩（河北大学）2019 年的硕士论文《共青团中央在哔哩哔哩网站的主流价值观传播策略研究》一文，认为在复杂的传播生态和价值多元化环境中，越来越多的人养成了通过新媒体获取信息的习惯，青年一代更是将互联网作为获取信息的主要途径。众多自媒体平台发声稀释了传统媒体的影响力，党媒面临严峻的挑战。作为传统党媒的共青团深刻认识到，青年在哪里，团的建设和工作就要延伸到哪里。当绝大多数青年在新媒体环境下聊微信、刷微博、看知乎、玩抖音时，为了扩大对青年群体的覆盖面和引领力，共青团中央就必须瞄准网络空间，着力开辟新平台、新阵地。共青团中央除了建设完善"两微一端"之外，还陆续入驻知乎、哔哩哔哩网站、QQ空间、今日头条、网易云音乐、抖音、快手等，结合不同特点的平台生动发声。其中的哔哩哔哩网站作为国内领先的年轻人文化社区，是共青团中央引导和培育青年群体主流价值观的沃土。该文选取共青团中央和哔哩哔哩网站作为研究对象，采用内容分析法，对共青团中央在哔哩哔哩网站2016—2018年的1481条投稿视频进行了量化分析，主要包括对共青团中央视频投稿的内容分类、视频标题高频词、视频议题、视频来源、视频内容属性的分析，分别从国家政事广覆盖、内容理性且深入、青年人群牢定位、模范榜样入心中四个方面总结了共青团中央在哔哩哔哩网站的传播策略提升方法，以期为其他党媒在新媒体环境下的主流价值观的传播提供有益的参考和借鉴。

黄梦颖（南昌大学）2020年的硕士论文《我国短视频新闻主流价值观表达及创新路径研究》一文，从短视频新闻报道本身出发，以短视频新闻内容为研究对象，从新闻视角、语言叙述、序列结构、意义表达四个维度搭建起短视频新闻的表达框架，从中分析其主流价值观之表达面貌，并选取重大主题报道、突发事件报道与典型人物报道三类对我国主流价值观表达最为突出的报道类型进行深入研究，分析了我国主流价值观在短视频新闻中以何种方式、以何种具体范畴被表达出来，并根据其中存在的问题与当下的现实环境，提出主流价值观创新表达之必要性与创新表达的路径，即从主体层面去探索，从意义层面去深挖，从叙述层面去完善，从结构层面去创新，从形式层面去突破。

接下来，笔者对收集到的与本课题相关的专著进行一个简要的综述。之所以要单独说一说专著，是因为笔者在专著的收集过程中发现，近年来，中国学界出现了五本关乎主流价值观传播的专著，虽小但精，算得上是一个不小的惊喜。接下来，笔者以出版时间的先后为序，对这五本专著做一个简要的介绍和引述。

复旦大学的林晖教授2013年12月出版的专著《断裂与共识：网络时代的中国主流媒体与主流价值观构建》，主要围绕网络崛起背景下，中国主流媒体自身的再造和主流价值观传播中急需解决的七个问题展开，通过深入剖析主流媒体对社会主流价值观的支撑、转型期中国主流媒体之痛、新时期中国主流媒体的再塑与主流价值观的构建、网络时代传播权力的转移与新闻场域的重构、"三跨"是融合媒体的必由之路等问题，深入阐释了达成政治共识和社会共识的内在逻辑。笔者认为该书即使已经出版了近10年时间，但依然能够"照进现实"，论述透辟，对厘清当今中国政治的核心命题有颇多启发意义。

河南大学的王慧教授2016年5月出版的专著《我国主流媒体社会主义核心价值观舆论场建设研究》，以政治理念、社会效果、文化价值、理论前沿为视角，以社会主义核心价值观为指向，以舆论传播的流程、效果、机制实例为抓手，通过深度访谈和实地调研的方式获取我国部分主流媒体传播社会主义核心价值观的实践资料，为学界提供了一种中国本土化的传播研究案例，并以经验和问题为导向，以布迪厄的场域理论等为理论分析工具，综合美国、法国等专家学者的观点，提出我国主流媒体社会主义核心价值观舆论场建设的理论框架，体现为我所用的开放性和以我为主的主体性，彰显中国特色，为中国特色传播理论研究提供了一定的参考。

暨南大学的蒋述卓教授2018年11月出版的《流行文艺与主流价值观关系研究》，以流行文艺与主流价值观的关系为研究对象，梳理它们之间的发展脉络，进一步分析了当代中国的文艺文化结构以及当前和未来的文艺走向。书中结合文艺社会学、传播学和价值论的研究方法，从综合考察和整体思辨的角度，对当前各种流行的文艺类型，尤其是对新兴流行文艺，如网络文学、网络多媒体文艺、动画及流行文艺期刊等进行了深入的探讨，具体分析了流行歌曲、热播电视剧、电影、流行动画片、网络文学新形态、网络游戏等与主流价值观的关系，全面细致地把握流行文艺与主流价值观的关系，为引导当代中国流行文艺未来的发展方向提供了一定的借鉴。

中央党校的范玉刚教授2021年1月出版的专著《全球文化影响下中国主流文化价值观的建构与传播》，着眼于文化全球化的语境，首先分析了全球多元文化的相互激荡对中国主流文化价值观的冲击和挑战，之后围绕国家"五位一体"的现代化事业总体布局、实施以"文化生产—文化传播—文化消费"为轴心的文化强国战略这两个轴心进行分层论述，最后把研究的重点落在了增强全球化语境下中国主流文化价值观的建设能力，提出主流文化价值观的建构与传播要以国家民族利益为最高利益、以增强文化认同的国家崛起为最高目标、以世界共同价值诉求为底蕴、以文化创新和民族文化高位态的提升为价值取向的四条解决路径。

安徽大学的方爱东教授 2021 年 7 月出版的专著《当代中国主流价值观话语权生成机制研究》，试图通过对终极价值目标、核心价值观和基本价值观三个层次内容与结构及其内在逻辑的研究，探讨当代中国主流价值观的科学内涵，并以此为基础，遵循由外而内、由理论到实践的话语权生成的内在逻辑展开当代中国主流价值观话语权生成机制的研究：一是梳理和分析了当代中国主流价值观话语权生成的理论基础与现实挑战，为生成机制的研究夯实基础；二是解析话语主体、话语内容、话语方式、话语传播和话语效果等五个方面的话语权生成内在要素的构成与功能及关联，探讨相应的话语权生成机制、其工作的机理及其互动，形成相应的话语权生成机制；三是将研究触角延伸至对社会如何进行合理规制的问题，探讨当代中国主流价值观话语权生成机制良性运行的保障系统。

从以上对国内文献的引述，大家可以看出，国内理论文章尚存在以下几点不足：一是大多数文章侧重于理论分析，即使涉及实证研究，也只是对较小载体或者较小范围的研究，比如某个栏目或者某个公众号、视频号，而几乎没有大型的或者综合类的样本研究，在实证研究方面缺少说服力，这就可能导致文章结论的片面性，不适合向更大范围和更广意义上去推广和实践。二是大多数文章在研究方法层面，都倾向于横向研究，而缺乏纵向研究的范例。也就是说，现有的文章大部分只单方面地总结媒介所展现的价值观或者在微观层面进行理论分析或内容研究，而较少综合性的内容研究，例如在宏观和微观层面进行纵深式的研究互动，涉及主流价值观研究的专著只有五本。因此，可以说，我国国内关于主流价值观的研究虽然时间跨度已经超过20年，但是研究水平依然未达到理想的成熟状态，笔者期待更多的学者或者专家能加入研究主流价值观传播路径的行列中来。

第二节　研究框架、意义和价值

就研究框架而言，本书遵循由外而内、由理论到实践的内在逻辑展开：梳理价值观与文化的关系，探寻当代中国主流价值观的理论渊源，再结合国内外的传播视域发展，分析当代中国主流价值观身处的传播环境，最后将研究触角延伸至如何对主流价值观的传播策略进行优化，以探寻当代中国主流价值观实现传播过程良性发展的路径。

就研究意义和价值而言，本书无意于描绘宏大的当代中国主流价值观传播盛景，而是围绕如何优化传播策略的思路，从全球数字化传播的视域情境出发，寻找当代中国主流价值观实现有力传播的更多可能，而这种可能的提出，笔者不希冀于纸上谈兵，而是试图借助能力范围之内的实证研究或者数据分析，来提供或者探讨更具可能性和实操性的措施。无论从历史还是现实来看，主流价值观的传播问题都是各国执政党和政府非常重视的一个问题。本书的研究成果希望可以为当代中国主流价值观的传播提供一定的参考，这正是本书的价值所在。当然，笔者深知受各种因素所限，本书的研究成果也只是一个初步的、有益的探索，还有诸多问题有待进一步深化。

就方法论而言，本书广泛涉及哲学、社会学、新闻传播学、经济学等多学科领域。因此，在方法论的使用上，除了立足于文献梳理的定性研究之外，更多地使用了基于调研数据和个案量化分析相结合的应用研究，以及价值判断的定性与定量相结合的研究。

第一章　溯源：价值观的哲学和社会学追问

价值观是一个多层次的观念系统，在现实生活中有着极为丰富的表现形态，而在学界，关于价值观的阐释也涉及哲学、政治学、经济学、社会学、美学、宗教学、伦理学等诸多学科领域，定义可谓五花八门。即使是在哲学体系内也对"价值"一词的阐释有诸多的学派言说。正如李德顺在他的专著《价值论》中认为："目前，各种各样价值现象的共同特征、各种方式价值表达的含义，都是指一定的对象（事物、行为、过程、结果等）对于人来说所具有的现实的或者可能的意义。简言之，价值就是事物对于人，更确切地说，是客体对于主体的'意义'。但是，如何进一步理解'意义'的存在和实质，却在不同的哲学体系中有不同的基本回答。"[①]

笔者在此要提到三个人物，他们是尼采、弗洛伊德和马克思。为什么要提及这三个人，是因为他们三个人关于价值观的论述对于后现代主义价值相对论产生了重大的影响，而后现代主义价值相对论是目前学界最广为人知的理论，也将是笔者在本章提及的最主要的价值观理论之一。历史上，

---

① 李德顺．价值观 [M]．北京：中国人民大学出版社，2007:37.

尼采对"价值"一词现代意义的确立，可谓影响巨大，而这个词甚至在获得其流行的现代意义之前，就一直是哲学和社会学的核心主题。尼采认为："价值观主要就是个人的'幻觉'：我相信'X是好的'，我确定我是因为'X'确实是好的，所以我才持有这样的判断。"[①]可以这样理解，尼采将价值观的来源归因于价值观的心理功能。弗洛伊德提出了关于价值的无意识（unconscious）概念，其认为，价值就是某种理性化（rationalization），持有种种价值观的社会主体所认同的信念主要植根于这些心理效果无意识的期盼。马克思提出了一种价值观的功能理论（functional theory of values），认为人们之所以持有各种价值观是因为人们（无意识地）期待某种效果，这种效果更多地属于社会学效果，而不是心理学效果。

在本章中，笔者将从价值观的源头说起，这会牵涉哲学和社会学两个学科，之所以要这样溯源性地追问，是因为价值观的传播与这两个学科门类的价值观阐释具有剪不断理还乱的关系。

第一节　脉搏：价值观的理论流派演进

法国索邦大学的雷蒙·布东教授曾在其著作中梳理了价值观理论的类型学模型，笔者认为非常明晰地展示了价值观理论在哲学和社会学层面的发展脉搏，值得我们好好地去分析和摸索。

---

① [法] 雷蒙·布东. 价值观溯源：信念的哲学与社会学追问 [M]. 邵志军译. 南京：江苏凤凰教育出版社，2014:1.

价值观理论的类型学框架

分类	流派	流派分支	基本观点	代表人物
非理性理论	信仰主义	信仰论	价值观是建立在绝对价值原理之上的	舍勒
	怀疑主义	抉择论	价值观所依据的原理是价值观既非立足于理由，亦非立足于起因，而是来自价值主体自由的抉择	萨特
		因果论	价值观来自社会主体的心灵，是生物、心理、情感或社会因素造成的结果，并不以什么理由为依据，它是人们在无意识的情况下发挥的作用	尼采、马克思、涂尔干、弗洛伊德、帕累托、鲁斯、威尔逊、蒙田
理性理论	功利主义		将社会主体的利益当作一种参数，这个参数可以赋予其行动的某种理性，借由合适的方式来实现满足个人偏好或者说实现利益的共享或者最大化	韦伯
	功能理论		社会主体的利益在实践中内嵌于社会系统及其子系统当中，从而保证了社会的正常运转	
	认知主义		只有价值观在实践中被特定的社会主体接受，社会交往才能成为可能，价值观也才会具有普遍适用性的特征	康德、罗尔斯

上述表格是笔者整理出来的一个价值观历史发展的简要脉络。接下来，笔者将对价值观理论进行溯源性分析和观点性阐释，展现其历史发展脉络中的百家争鸣。

笔者首先想谈谈信仰主义理论。在这个范畴中的价值观理论都建立在这样的假定之上，那就是价值观基于绝对有效的原理，而且这些原理的有效性不需要证明。舍勒是信仰主义理论家中比较有代表性的人物。按照他的观点，我们个体意识到价值观的存在是因为我们有一种同感知颜色的能力可以类比的价值观，我们感知颜色的能力使我们相信树叶是绿的。同样，我们的价值观可以告诉我们某些行为、某些事情是好的或者坏的，是可以接受的或者不合情理的。此外，舍勒还试图将价值观的客观性同价值观的历史、社会可变性结合起来，认为价值观具有本质，而这个本质是可以通过现象学（例如天启宗教观）的分析揭示出来的。

下面谈谈怀疑主义理论。怀疑主义理论可以分为两大类：一类是抉择论，另一类是因果论。萨特的存在主义理论是对抉择论最好的阐释。萨特认为在各种价值观之间所进行的选择是荒谬的，因为这样的选择无法得到不自相矛盾的证明。可以说，抉择论包含了三个层面的含义：一是承认价值观依赖于社会主体，而这个社会主体具有坚信价值判断的特性；二是把价值观的假定放在启示、直觉、理性之外；三是摒弃了将价值观理解为心理、生物、社会等因素造成的结果。

因果论的主体内核是认为价值观受到社会主体的承认，不是因为社会主体将价值观视为原理导致的，而是因为他们将其视为自然原因造成的效果。尼采、马克思、弗洛伊德、涂尔干、帕累托等人的理论都有因果论的特征。接下来，笔者分析一下持因果论的这几个理论家关于影响价值观的几大类因。首先，是心理因素。这里要借用马克思主义理论家们极为推崇的一个假设概念——虚假意识（False consciousness）。当社会主体对原因或者动机认识出现错误时，就会导致虚假意识的发生，但是此时的虚假意识不一定会对社会主体造成多大程度的干扰，因为基于经验的影响和参照，社会主体是有能力辨识这种意识状态的。其次，是情感因素。弗洛伊德和帕累托二人都认为价值观是情感因素的扭曲表达。也就是说，社会主体认为"X是好的"，这是因为社会主体的本能驱使其如此感觉，假如社会主体不想承认自己受本能所驱使，就会用帕累托所说的"逻辑的虚饰"或者弗洛伊德所说的"理性化"来掩饰自己的观点。尼采提出社会主体赞同某个价值观是因为其满足了自身的本能或者心理需要，价值观在某种程度上可以通过影响其产生的心理效果来对外界产生影响或者与自身达成某种和解。再次，是生物学因素。鲁斯和威尔逊试图将价值观视作一种生物学的过程。鲁斯将达尔文的进化论应用于价值观的谱系建设，他认为价值观是自然选择的必然结果，人类离开了社会和价值观便无法生存。因此，这种自然选择将人类演化成了社会性动物。与此同时，人类相信他们的价值观具有客观有效性，这种社会生物学功能反过来会起到巩固社会主体价值观的作用。威尔逊从亚里士多德那里获得了灵感，认为价值观是人类的本质特征之一，生物学的发展为价值观的起源提供了可以猜想的无穷可能。最后，是社会因素。秉持这个观点的理论家将价值观归因为文化的产物。例如，蒙田曾经通过观察和对比各种文化的价值观之后得出结论，价值观是获得准允的习俗，这种价值观之所以被认定为是好的，主要是因为社会主体认为它们是好的。其认为社会主体是"文化中心主义"的坚定拥护者，他们会将自己的文化视作一切事物的评价标准，价值观因文化而异的事实不容争辩。

关于价值观的第二大流派——理性理论，也是笔者的关注点之一。这类理论的共性在于都认为社会主体赞同价值观的原因具有公共性，即只要社会主体认为其价值观是基于充分理由的，他就认为其他人认为这些理由也是充分的，而且这些理由不涉及私人理由。这个流派大概有三个分支：首先，笔者谈谈功利主义理论。功利主义理论是理性理论流派中最重要的阐释，也是该范畴的先驱理论。功利主义理论将社会主体的利益当作一种参数，这个参数可以赋予其行动的某种理性，借由合适的方式来实现满足个人偏好或者说实现利益的共享或者最大化。韦伯曾经提出了价值理性和工具理性两个概念。工具理性就是功利主义理论的代表性概念之一，即当一个特定目标能够满足社会主体的某些利益时，工具理性就可以用最佳方式来达成这种目标的实现。其次，是功能理论。该理论是价值观理论在社会学意义上的一个重要阐释。该理论认为，社会主体的利益在实践中内嵌于社会系统及其子系统当中，从而保证了社会的正常运转。其理论基础就是利益——内嵌于社会系统中的利益。最后，是认知主义理论。康德关于价值观的阐释是这一流派分支中最负盛名的阐释之一。康德认为价值观的源头在于实践理性，即只有价值观在实践中被特定的社会主体接受，社会交往才能成为可能，价值观也才会具有普遍适用性的特征。罗尔斯关于价值观的阐释也是认知主义理论中很有名气的阐释之一。罗尔斯提出了差别原则（difference principle）概念，这个概念实际上指的就是社会主体在判断行为时使用的隐性规则。例如，把这个概念放到罗尔斯关于收入分配的论述中，社会主体认可组织在收入分配时以效率优先为原则进行分配，社会主体应该根据能力水平和责任大小来区别性地得到奖励。

第二节　碰撞：相对主义和自然主义

在本节中，笔者想谈谈价值观的相对主义理论和自然主义理论之间的碰撞。20 世纪初，在欧洲，尤其是法国的教育领域，掀起了一场价值澄清运动（Value clarification movement），该运动传达的一个最重要的观点就是：价值观是由个体自主决定的，任何引导价值观的努力都必须与个人的价值或者尊严相符，否则就会被遗弃。经由这个运动的推广，价值观的相对主义影响被扩大化，甚至波及传媒领域。

之后，还出现了社群主义运动，这一运动从欧洲扩展到了美洲，著名的哲学家和社会学家都参与了此项运动，如泰勒、麦金太尔、哈丁、罗蒂等人。在这场运动中，大家秉持这样一个共识：价值观以社会文化为依托内嵌于社会系统之中，社会主体形成于不同的文化背景之中，并成为个体身份认同的重要因素。从属于某个社群是人的基本需要，在文化这样一个不可通约的体系当中，价值观对于社会主体是至关重要的，因为人格必须在明确的文化语境下才能得到彰显。其中，较为有代表性的理论家是哈丁，在其著作中表达了这样的观点：当社会主体认为自身从属于某一社群时，其倾向于遵从该社群的原则和观点，这不仅是因为某种纯粹的、机械式的惰性选择，而是因为这个原则或者观点符合社会主体自身的利益，但是这个社群也存在一定的缺陷，比如它有排斥性，社群具有某些辨识属性，这些辨识属性早已隐性地与社员达成共识，不属于该社群的圈外人会遭到圈内人的排斥。

美国著名的人类学家格尔茨也是相对主义的坚定拥护者，在其著作中，格尔茨分析了笛卡尔、康德、黑格尔和蒙田的诸多理论，认为蕴含教条主义色彩的哲学在统治了长达一个世纪之后，终于被以蒙田为代表的后现代主义理论所终结，即价值观的背后不存在真理和道德，甚至是价值真理。

在相对主义理论蓬勃发展的同时，与之有分歧的自然主义理论也开始陆续出现。威尔逊是自然主义理论的代表性人物，在其著作中多次提到了这样的观点："我们有一个本质的自我，这个自我并非完全是文化的产物。"在他看来，道德感是人性的关键因素，在文化的影响之外，人性有其独有的特征，如同情心、正义感、自制和义务感，而这个特征是不完全受社会条件决定的。

至此，我们已经可以很明晰地看到，相对主义和自然主义的理论分歧就在于承认先天自然和后天文化在多大程度上影响价值观的形成。在这场关于相对主义和自然主义的争论中，笔者秉持的是中立态度，也就是我们没有必要在自然和文化之间做出选择，这是在浪费精力，我们要明确的是：价值观的形成确实受到了自然和文化的影响。

第三节　融合：多元文化主义和相对主义

在学界,有一个广为流传的学说——多元文化主义(multiculturalism)。在多元文化主义的理论核心中,有三个层面的内容是得到广泛认可的:一是国家、民族和其他社会机构往往拥有自己独特的文化;二是这些文化或者亚文化内含诸多的价值体系,这些价值体系因没有客观依据而呈无序排列的状态;三是赞同了多元文化主义就是赞同了价值观相对主义,反之亦然。从这里我们也可以看出,在学界,多元文化主义和相对主义之间的亲密联系。

在谈多元文化主义之前,我们先聊聊文化的多元性。文化的多元性并不是在当代社会才显现出来的特性,其有悠久的历史轨迹。早在古代埃及和罗马,不同文化背景的民族就和睦地相处于一个社会。在古中国,也有很多不同的民族生活在中原大地上。可以说,文化的多元性在现实层面具有两个属性:一是长期性,一是稳定性。长期性指的是每个民族的文化都是该民族为适应各自的生存环境,在长期的生产、实践与交往过程中逐渐形成的融有其民族全部历史积淀的价值观和生活方式。稳定性指的是每个民族的传统习俗、宗教信仰、思维方式和价值观是适应本民族的一种文化形态,这种文化形态一旦形成就会在该民族的历史演进和发展过程中长期存在并发挥普适性作用,具有强大的稳定功能。

然而,文化多元并不等同于多元文化主义,前者主要是一种现象描述,后者则是一种政治理论、一种意识形态。如果说文化多元旨在指出不同文化的共存，多元文化则不仅指出不同文化的共存，而且还要求承认不同文化的差异并平等地对待它们。可见，多元文化主义是一个相当激进的社会理论。

在学界，关于多元文化主义有诸多论述，但是究其理论根基，可以概括为三个层面：一个是哈贝马斯的宪政民主思想。在哈贝马斯看来，权利系统在运行过程中，理所当然会考虑文化差异和社会不平等。宪政民主之下的法律看似可以为社会主体提供平等保护，但是实际情况并非如此。社会主体只有把自身看作法律制定者，或者主动介入公共议程设置并充分表达自身诉求时，他们才可以真正享受到法律赋予的平等权。另一个是查尔斯·泰勒的政治承认（politics of recognition）理论。在泰勒看来，社会主体对自身的身份认同与其所处的社会环境所给予的政治性承认有直接的关系。也就是说，政府有权对社会运作进行民主干预，尤其是在着力提高某一主流社群的价值观方面，从而使得社会主体在充分享受民主和平等的基础上获得个人身份的认可，而一旦遭遇政治承认的否认或者错认，社会主体可能因此而经受精神压迫，甚至是陷入困境。最后一个是解构主义理论。在解构主义的理论家们看来，政府所宣称要建立拥有平等和共同文化标准的社会其实并不真实存在，所谓的共同文化标准其实是占有话语权的社会强势群体宣扬自身价值观的政治手段或者强势表征，处于社会边缘的弱势群体并不一定能够在这种标准之下获益，甚至还有可能成为"代罪羔羊"。

应该说，多元文化主义的提出，确实是考虑到了不同国家、民族和其他机构存在多元文化的情况。例如，每个民族都有其独具特色的民族文化，而其核心就是深藏于文化肌理中的价值观，多元文化主义的提出实际上就是在指涉价值观的多元化。时下的全球环境正在因互联网的普及和应用而变得更加复杂和多元。文化的交流也早已突破了一个地域的窠臼，在地球村这个范围内实现了互通。确切地说，自20世纪80年代以来，随着经济全球化的不断发展，世界多元文化共存已然成为事实和不可逆的历史发展趋势，而网络时代所带来的交流便捷性和数字传播所特有的互通性与领地性，又在不同程度上激发了社会主体的民族意识和对民族文化的认同感。任何民族的文化都有其独一无二之处，多元文化共存的地球村借助互联网的翅膀为各种文化的互鉴交流、共享共生、繁荣演进提供了足够广阔的舞台。

第二章　文化、价值观与主流价值观

什么是文化？想要回答好这个问题，估计没有一个人敢自信地站出来说"我知道"，原因就在于文化本身具有模糊性和不确定性。据统计，仅在文化史层面的研究中就出现了 260 多种关于文化的定义。那么，我们是否可以从文化极为复杂的演变史中获取有价值的信息呢？从前文的论述中可知，文化和价值观有着不可分割的联系，而主流价值观之于价值观的位置何在，这是笔者要在本章谈论的问题。

第一节　文化的缘起与发展

"文化"一词可以追溯到什么时候？笔者带着这个疑问翻阅了中西方关于文化的文献记载。在中国，"文"与"化"最初是两个词，分别表达不同的含义。其中，"文"最早出现在象形文字中，本义指各色交错的纹理；"化"的本义为改易、生成、造化。"文化"一词最早出现在西汉时期，当时的学者刘向在其文章《说苑·指武》中说："凡武之兴，为不服也，文化不改，然后加诛。"首次提及"文化"一词，在此之后，"文化"才开始合成一个整词出现。在西方，"文化"的英文"culture"一词最早出现在马修·阿诺的著作《文化和无政府状态》（Culture and Anarchy）中，时间是 1869 年。

值得注意的是，"文化"一词的最早出现与我们当下对于"文化"的理解还是有很大区别的。如果从契合当下的文化内涵而言，真正科学的"文化"一词出现在 1871 年，英国著名的文化人类学奠基人泰勒在其著作《原始文化》中认为："文化或者文明，就其广泛的民族学意义来讲，是一个复合整体，包括知识、信仰、艺术、道德、法律、习俗，以及作为一个社会成员的人所习得的其他一切能力和习惯。"① 泰勒关于文化的定义被奉为经典，一直沿用至今。中国在五四运动期间引进了这一观点，当然不仅仅是这一个观点。比如，作为伯明翰学派的灵魂人物——雷蒙德·威廉斯，在其著作《文化与社会》（1961 年）中，指出了文化的双重含义：一是作为生活方式的文化，二是作为评判标准的文化，即人类最优秀的思想和艺术经典。威廉斯把工人阶级看作是解放文化的主要力量，希望用激进的民族文化抵抗美国的全球文化。

如果从古典意义层面来对文化进行梳理，笔者认为文化的形态表述大致包括四个类别，分别是历史形态、精神形态、艺术形态和物质形态。前三种形态很好理解，最后一种物质形态的提出应该说深受现代主义和后现代主义理论的影响。从当下的后现代主义视域来看，去分化的概念已经遍布各地，而虚拟空间的仿真、超真实的理念也让文化的边界开始消解，文化开始广泛渗透在物质形态的生产和实践活动当中。

---

① [英] 泰勒. 原始文化 [M]. 连树生译. 上海：上海文艺出版社，1992:1.

吉登斯曾在其著作中说："我们有更充分、更客观的理由认为，我们正在经历一个历史变迁的重要时期。而且，这些对我们产生影响的变迁不局限于世界的某个地区，而几乎延伸到世界的每个角落。"① 应该说，全球数字化传播的现实正在深刻影响着"文化"的内涵。这不免会带来诸多挑战。首先，是文化的载体日益多样化。以往人们普遍认为文本是文化的唯一物质载体，但是随着数字化大众传播媒介的互动和网络虚拟技术的日渐成熟，出现了迪士尼、嘉年华、世界公园、商业大片、网络文学、微博、国家图书馆、实时直播、VR虚拟、短视频等多种文化样式或者载体。其次，是文化的杂糅性和交融性成为合法表征。在文化的内部肌理中，存在着精英文化与通俗文化、大众文化与小众文化等诸多的差别性特征，但是当下的文化内部正在进行着跨界融合，文化中心和边缘的边界正在逐渐被消解，不同社群主体的文化诉求开始趋近，不同文化类型彼此借鉴、包容和整合。最后，是文化的扁平化表达成为主流。当下，文化原本的等级观念遭到普遍批评，接受文化差异的观点成为主流。例如，高雅文化与通俗文化不再有优劣之分，而是彼此"共进共退"，身体文化的雅俗问题也不再定性，而是归因于受众的心理承受能力。

总而言之，"文化"经历几百年风雨发展至今，已经变成一个无所不包的"大型包裹"，我们对文化的理解一定要突破固化思维的藩篱，以"拨开云雾见月明"的勇气把握其内涵的实质。正如伯纳德所言："文化，无论我们怎样给它下定义，都是我们所做的和所想的每件事物的中心……文

---

① [英]安东尼·吉登斯. 失控的世界：全球化如何重塑我们的生活 [M]. 周红云译. 南昌：江西人民出版社，2001:2.

化是我们的环境和我们适应环境的方式，文化是我们已经创造的世界和仍在继续创造的世界。文化是我们看待世界的方式和促使我们改变世界的动力。"①

第二节　文化与价值观的关系

在本节，笔者想谈谈文化与价值观的关系。从非严格意义上来说，"价值观"和"价值观念"这两个词是可以混用的。正如李德顺在其著作中所言："价值观念，简称价值观，是人们心目中关于一切价值的信念、信仰、理想和标准的总称。"②"价值观包括人民的社会信念、人生信仰、政治理想、道德追求、生活原则等在内，是人们的价值信念、价值标准和价值理想的综合体系，是人们利益、需要、心理和行为的内心定向系统。"③笔者认为这样的表述是比较中肯的。

梳理学界关于价值观内涵的表述，大致可以将价值观的表现形态分为三类：信念、信仰和理想。首先，说说信念。在罗素看来，"信念是有机体的一种状态，这种精神状态与用行动表示出来的信念完全不同，可以称其为'静止状态下的信念'，这种信念由一个观念或意象和一个感到对的情感所构成"④。也就是说，信念是社会主体对某种观念抱有极度信任感

①［美］伯纳德·奥斯特利. 文化联系［M］. 许春山译. 北京：社会科学文献出版社，2008:1.
② 李德顺. 谈谈当前的价值观念变革［J］. 学习与研究，1993(08):6.
③ 李德顺. 价值观［M］. 北京：中国人民大学出版社，2007:27.
④［英］罗素. 人类的知识［M］. 张金言译. 北京：商务印书馆，1983:179.

的一种精神状态。它是以一定知识和逻辑为基础，以经验和记忆中的某些实事为根据的合乎逻辑的推论。信念可以是具体的、零散的，例如社会主体对一具体事件或事物持有的观点和态度，也可以是系统全面的，例如世界观、人生观的形成。其次，谈谈信仰。在西方的文化语境中，信仰往往与宗教联系在一起，意指社会主体对特定宗教派别理念的执着追求和虔诚状态。这个"信仰"显然只是信仰的一种特殊形式而已，真正意义上的信仰是一种超知识性的精神活动，受社会历史条件的制约和社会文明发展与传播的影响。它有着强大的社会动能，能够激励和引导社会主体发挥出更大的能量。最后，讲讲理想。理想是社会主体对人类历史发展前景的合理表述，表达了社会主体对价值追求的最高期待，代表着社会生活中的最高价值，拥有超乎想象的巨大吸引力和感召力。正如郭凤志在其文章中所言："价值观一旦形成，就成为一种'先入为主'的立场和态度，成为一种思维定式和行为倾向。在实际生活中，表现为人们判断某事物好坏的基本态度和立场，即事物对人的作用、意义、价值的根本观点、态度和立场。对于一个民族来说，价值观就是他们的理想和精神支柱。"①

那么，文化与价值观的关系，从显性意义上来说，二者可以表述为包含关系。对一个民族来说，文化是一个国家和民族的灵魂，是特有的历史创造积累和精神记忆，是其活法与说法的统一，是一个民族可持续发展的意义之源、力量之源和秩序之源，而文化的核心就是价值观，它为整个国家和民族的发展提供目标方向和智力支持，同时也为整个国家的发展赋予

---

① 郭凤志. 价值、价值观念、价值观概念辨析 [J]. 东北师大学报（哲学社会科学版），2003（06）：45.

意义和灵魂。应该说，价值观的形成是依赖于文化这个基础性存在的，没有文化的存在，价值观就像是无源之水，无本之木。正是在文化的不断繁荣赓续和发展演变当中，价值观才有了更多的内涵和表现形式。

第三节　价值观与主流价值观的关系

"主流"一词的英文为"mainstream"，在《牛津词典》中对这一单词的解释为："The ideas and opinions that are thought to be normal because they are shared by most people; the people whose ideas and opinions are most accepted."意思就是主流思想。在《柯林斯词典》中，这一单词被解释为："People, activities, or ideas that are part of the mainstream are regarded as the most typical, normal, and conventional because they belong to the same group or system as most others of their kind."意思就是（人、活动、思想等的）主流、主要倾向或主要趋势。在《辞海》中，"主流"一词的本意为河或者江的干流，比喻义为事物发展的主要方面或者主体趋势。

在学界，关于主流价值观一个比较普遍性的认同是主流价值观不是社会主体诸多价值观的简单叠加，而是被社会主体普遍认可或者集体信奉的价值取向。从主流价值观的形成过程来看，社会主体因所处的社会阶层、种族、环境等的差别会形成不同的价值观，这些有差别的价值观在特定环境下不断地相互解构、建构、碰撞和融合，逐渐汇聚起了某一类值得或者赢得社会主体普遍认可的价值观，这类价值观就会成为主流价值观。这使主流价值观必然带有大众性和融合性。

　　主流价值观一旦在一个社会或者群体当中形成，必然会成为这个社会或群体中大部分成员认可或者信奉的价值观，虽然不能绝对地说，主流价值观是该社会或者群体所有成员都认可的价值观，但它绝对是压倒性的，并且肯定会在该社会或者群体中有众多的载体或者广域性的影响，这就是主流价值观的大众性。主流价值观的融合性是指单个社会主体的价值观在社会或者群体中汇聚成一个纷繁复杂的、无所不包的"大杂烩"，这些价值观在特定的历史条件下，经历了解构—重构—再解构—再重构的无限循环之后，得到了融合与新生。在这些融合与新生的价值观当中，必然会出现主流价值观的身影。可以说，它就是各种价值观的"重叠共识"或"最大公约数"。

　　由此，我们可以看出，价值观和主流价值观是包含关系。主流价值观包含在价值观之中，是价值观的主要组成部分。

第三章　主流价值观的建构与传播体系研究

马克思指出："人们自己创造自己的历史，但是，他们并不是随心所欲地创造，并不是在他们自己选定的条件下创造，而是在直接碰到的、既定的、从过去承继下来的条件下创造。"① 对于一个国家、民族或者群体来说，价值观的建设过程就是一个选择过程，当然这个过程不是无序的、未知的，它有一定的规律和踪迹可循。同样，价值观的传播过程也逐渐形成了一个体系，吸引着学界诸多人的目光。笔者在本章将探讨主流价值观的建构和传播体系，把它放在全球数字化传播的视域下来分析，其间必然会牵涉跨文化、多元文化、全球化等众多变量。

第一节　编码解码理论和大众文化理论

霍尔是英国文化研究领域的杰出代表，他终身致力于媒介和大众文化的研究，先后发表《文化、传媒与"意识形态"效果》《解构"大众"笔

---

① 中共中央马克思、恩格斯、列宁、斯大林著作编译局. 马克思恩格斯选集 [M]. 北京：人民出版社，1995：585.

记》《电视话语中的编码和解码》等著名文章，并提出了诸多理论。其中，最广为人知的就是编码与解码理论。时至今日，这个理论在价值观的建构与传播理论中依然占据重要的位置，并得到广泛应用，尤其是在价值观的跨文化传播领域。

霍尔在其《电视话语中的编码和解码》一文中指出："信息被传送不等于被接受。"[①] 在其看来，任何信息在进入大众传播领域之前都必须先进行编码。这个编码的过程，实际上就是一个选择和加工的过程。例如，参与其中的媒体在信息编码的过程中就会依据选择性结构（selective construct）来进行信息符号的筛选和定制，用霍尔的表述就是"伪装、分裂和重新组合"。这里的"伪装"可以理解为媒体刻意将社会的真实特性隐匿起来的过程。"分裂"就是将社会整体人为地拆分为孤立的几个部分，并分别进行编码。"重新组合"就是将拆分的孤立编码以假想或者误导的方式进行重新组合。媒体通过这样一个编码过程，掌握了庞大的话语权体系和舆论引导体系，可以成功掀起某种社会热潮或者平息某种负面舆情。

我们都知道大众传播具有双向互动性，编码只是大众传播过程中的一个环节，其预期效果的实现还有赖于另一个重要的环节——解码。受众在接受了信息符号之后要进行解码，只有这样信息才能够被理解，并产生一定的社会效应。

值得注意的是，编码与解码过程中出现的符号不存在一致性，解码过程充满了多义与复杂，正如霍尔用"假想的立场"来描述解码过程。理

---

① 郭建斌，吴飞. 中外传播学名著导读 [M]. 杭州：浙江大学出版社，2005:268.

想的信息传播方式是在主导符码的控制范围内进行符合设定预期的解码活动，但实际情况是，这种预期的实现要依赖于媒体的暗中操作——信息或者意识形态的再生产。解码的过程是一个包含相容因子和对抗因子的双重运动过程。其间，相容因子能够使信息的传播更加顺畅，对抗因子则使信息保留有自身的特权性质。受众在接收信息的过程中，很有可能以一种完全对抗设定逾期的方式来进行解码。在这个过程中，受众的自主意识得到了彰显，不再是信息的被动接受者。

霍尔的理论可以说改变了以往信息传播理论中的线性主义，将受众提上了传播过程的重要位置。受众不再是信息终端的被动接受者，而是一个富有自主意识的、可以积极生产或者参与信息传播的重要角色，但是值得注意的是，霍尔的研究只是认识到了受众对于信息具有再生产的意义，但是没有更深入的研究。例如，受众是如何生产信息的，在这个生产过程中会受哪些因素的影响。

约翰·费斯克的研究成果填补了受众研究的空白。费斯克是当代英美学界著名的大众文化理论家，因其文化消费主义的研究主张而被学界普遍称为西方当代大众文化研究的代表人物。其思想深受英国文化研究学派威廉斯、霍尔等的影响，在其先后发表的《理解大众文化》《解读大众文化》《解读电视》《传播研究导论》《关键概念：传播与文化研究辞典》《澳洲神话》《电视文化》等著作中，提出了生产性受众的重要概念，并强调这种受众观深深根植于大众文化之中，强调了受众的主体地位以及受众的实践性、能动性与创造性。

费斯克认为的生产性受众是这样的一群受众：他们主动采取游击战术，

获取自己需要的信息或者对接收到的信息重新赋予意义，并以此种方式来创建自己的文化，从而避免成为意识形态的俘虏。这种新型受众观念将受众的主体地位大大提高了。时下，全球数字传播的高速发展，使得媒介开放性的、交互性的、虚拟性的特点更加凸显，这也更加激化了受众向生产性受众的角色转换。网络受众群体的日益壮大，更是将这种主动性发挥得淋漓尽致。

费斯克尝试建立不同于法兰克福学派的大众文化理论，倡导积极快乐和随意休闲的大众文化理论，推崇日常狂欢的大众消费精神，试图在大众文化研究中的精英主义和悲观主义之间实现超越。与法兰克福学派对大众文化的激烈批判态度不同，费斯克在某种意义上站在了大众一边。他在1989年出版的《理解大众文化》一书中公开宣称，大众文化不是文化工业生产的，而是受众创造的，表明大众文化可以制造积极的快乐——反抗文化集权的抵制的快乐。也正因此，麦奎尔评价他在努力为大众文化辩护方面，一直是最雄辩、最有说服力的人物之一。

费斯克观照大众文化现象时所呈现的视界，几乎凸显了美、英、澳工业社会日常生活的方方面面，他认为文化生成是一个社会过程，强调大众文化是由大众促成的。费斯克参考巴特关于文本的"读者式"与"作者式"倾向的论述，提出大众文本应该是"生产者式的"。他指出："大众文化的艺术是怎么都行的艺术。""生产者式"文本为大众生产提供了可能，大众文化充满了对抗的因素，大众的从属地位意味着他们不能创造大众文化的资源，但他们确实从那些资源中创造了他们的文化。

应该说，费斯克的受众传播研究延伸了英国文化研究学派的思路，实

现了 "从媒体对受众做了什么"到 "受众对媒体做了什么 "的转变。费斯克大众文化理论在学界产生了巨大影响。他的学术理论给我们带来了积极乐观的研究态度，把受众研究引入大众文化研究领域，让我们看到了受众在接受过程中的主动性和创造性，为大众文化与传播界注入了新鲜血液，也使文化理论家、媒介研究者的关注重心发生了转移。

虽然西方学者对费斯克大众理论以批判居多，认为费斯克对受众的主动性、快感与符号抵制过于关注，并指出其符号学方法的诸多局限，将其称为"快乐的后现代主义理论家 "和"文化的民粹主义者 "，但是在笔者看来，其关于受众的研究成果是弥足珍贵的，至少在传播领域填补了霍尔等人的研究空白。

回到价值观的建构与传播体系当中，其传播的过程必然也不能忽视受众的因素。例如，在价值观的跨文化传播过程中，各个国家和民族的文化多样性决定了他们之间在价值观层面必然存在差异和冲突，这会导致相互之间的交流障碍和理解困难。在价值观的跨文化传播过程中，不可避免地会存在传播效果达不到逾期的情况。笔者来说一个实证研究的例子。2015 年，首都文化创新与文化传播工程研究院发布了《外国人对中国文化认知调研报告》，报告调查了 10 个国家的青年群体对中国文化认知的现状、意愿和渠道。该调查报告的数据显示：从调查对象对中国文化整体认知程度来看，中国文化的被认知程度整体较低，外国人认知度最高的三个中国文化符号是熊猫（3.3%）、绿茶（3.1%）、阴阳（2.6%），认知度最低的三个中国文化符号是敦煌壁画（1.7%）、面子（1.7%）、天人合一（1.6%）。从对中国文化产品的选择意愿来看，外国青年对文化旅游产品（59%）更感兴趣，对游戏类产品（33.1%，包含网游、手游、端游）选择意愿较低。从这些数据可以看出，虽然中国已经跃升为世界第二大经济体，但是中国价值观在对外传播中的缺位现象是非常严重的。中国一些有形的传统文化要素虽然有一定的知名度，但是程度还很低。这也表明，中国价值观，尤其是主流价值观在世界范围内的认可度还是比较低的，与我国经济体量的地位严重不符。

中国人民大学文化创意产业研究所所长金元浦认为："像好莱坞电影这样，能够瞄准不同文化背景中受众的共同需求，就非常值得借鉴。我们要利用文化上的世界语言，去传播中国的优秀文化。"这其实就是在强调受众的重要性。应该说，外国人对中国文化和价值观的理解还处在"看热闹"而不是"看门道"的阶段，这就需要我们在价值观的建构与传播过程中，除了要做好价值观的编码之外，还要注重受众解码的过程。

在很长的一段时间里，风靡整个西方世界的中国人代表并不是李小龙、成龙和姚明，而是两个对于我们中国人来说相当陌生的名字，一个叫傅满洲，一个叫陈查理。1913年，英国小说家洛莫尔写了一部《傅满洲博士之谜》的小说。在这部小说当中，主人公是一个名叫傅满洲的中国人，他不仅是个天才，拥有中国皇室成员的高贵身份，而且还是恐怖组织 Si-Fan 的头目，背地里从事白奴贸易，无恶不作。这部小说火爆之后，洛莫尔借着东风，一连写了九部以傅满洲为主角的小说。这个个子高大，戴着清朝官帽，留着八字垂须的邪恶中国人，在西方变得家喻户晓。傅满洲的形象，就这样堂而皇之地代表中国人进入了西方世界的舞台。

陈查理是美国人比格斯在1925年发表的一部侦探小说《不上锁的房间》里的主人公，一名正派的华人侦探。该小说在美国风靡之后，好莱坞电影立刻跟进。仅1925—1949年的24年间，以陈查理为主角的电影就多达47部。在电影中，陈查理聪明绝顶，遇事谦恭有礼，沉着冷静，又始终站在正义的一方。随着大量影视作品的出现，陈查理成了西方世界普通民众心里不亚于傅满洲的中国人形象。可以说，在很长一段时间内，中国人在西方人心目中的形象就是令人害怕的邪恶势力，对于东方人的神秘他们无从知晓，也不愿主动知晓。

中华人民共和国成立之后，尤其是改革开放以后，中国逐渐进入国际视野，在好莱坞电影中的形象也慢慢有所改变，但并不乐观。好莱坞《功夫熊猫》系列电影从2008年首映至今，已经上映了三部。这个系列电影以中国古代为背景，其景观、布景、服装以至食物均充满了中国元素，讲述一只笨拙的熊猫立志成为武林高手的故事。应该说，在这个系列电影中，我们看到好莱坞电影对中国文化在一定程度上的尊重态度，而不是以往一味地妖魔化中国，但是我们也应该看到，以美国为首的西方也在试图用柔性的方式来对中国人进行价值观的渗透，比如个人主义。

因此，价值观尤其是主流价值观的建构与传播一定要注重受众的重要地位。在对内传播和对外传播过程中，我们要根据受众的属性特征来进行有针对性的传播策略研究和选择，以期收到积极的社会效果。借助互联网和国际文化市场的运作将是不二选择，笔者将在后文单独论述，这里不再赘述。

第二节　议程设置理论

与编码解码理论相比，笔者认为议程设置理论的运用在价值观的建构和传播过程中，也同样具有里程碑式的意义。

1968 年，美国传播学者唐纳德·肖和麦克姆斯对总统大选进行了调查，主要考察媒介议程对公众议程有多大的影响，并于 1972 年提出了议程设置理论。

该理论认为受众在对社会公共事务中重要问题的认识和判断与传播媒介的报道活动之间，存在一种高度对应的关系，即传播媒介作为"大事"加以报道的问题，同样也作为大事反映在受众的意识中；传播媒介给予的强调越多，受众对该问题的重视程度越高。根据这种高度对应的相关关系，麦克姆斯和唐纳德·肖认为大众传播具有一种形成社会议事日程的功能，传播媒介以赋予各种议题不同程度显著性的方式，影响公众瞩目的焦点和对社会环境的认知。也就是说，大众传播往往不能决定受众对某一事件或意见的具体看法，但可以通过提供信息和安排相关的议题来有效地左右受众关注哪些事实和意见及他们谈论的先后顺序。大众传播可能无法决定受众怎么想，却可以影响受众想什么。

议程设置作为大众传播的重要社会功能和效果之一，倾向于通过赋予各种议题不同程度的显著性方式，来影响受众对周围世界的大事及重要性的判断。从传播效果而言，早期的议程设置理论只停留在认知层面，而当代的议程设置理论已延伸至态度和行动层面。

议程设置的功能性成功暗示了传播媒介的环境再造功能，传达出三个效果：一为 0/1 效果，是指大众传媒报道或不报道某个议题，会影响到受众对少数议题的感知；二为 0/1/2 效果，是指大众传媒对少数议题的突出强调，会引起受众对这些议题的突出重视；三为 0/1/2//n 效果，是指大众传媒对一系列议题按照一定的优先次序所给予的不同程度的报道，会影响受众对这些议题的重要性顺序所做的判断。

应该说，议程设置理论从考察大众传播在人们环境认知过程中的作用入手，重新揭示了大众传媒的有力影响，为效果研究摆脱有限论的束缚起了重要的作用。这个理论中所包含的传媒是"从事环境再构成作业的机构"，重新提出了大众传播过程背后的控制问题。它对详细考察传媒的舆论导向过程具有一定的启发意义，也为人们认识传播与社会的关系提供了一个新的角度。

在近代，议程设置理论有了一定程度的延伸发展，大致有三个分支：一个分支是属性议程设置理论。该理论认为大众传媒报道的对象属性具有多样性的特征，例如正面、负面、中性的效果属性。大众传媒对报道对象的某些特定属性进行凸显和淡化处理，会使报道对象的主导属性传达给受众，也会影响到受众对报道对象性质的认识、判断和态度。也就是说，属性议程设置不仅可以影响受众对议程某一特征的重视程度，还会反过来影响对象议程的显著程度。

第二个分支是议程设置融合理论。该理论认为，随着手机等更为个人化的媒体普及，传统大众媒介设置议程的能力开始下降， 影响议程设置过程的中介因素变得更加复杂。因此，还需要从受众的角度，并结合整个社会环境来考察议程设置的中介因素。在现代社会中受众必须通过加入某个社会群体来降低认知不协调，获得安全感和确定性。为了融入自己想要加入的群体，受众必须接触与该群体相关的媒体，使自己的议程与这一群体的议程一致。具体来说，议程设置融合的过程可分为六个步骤：受众决定群体归属—判断是否具有该群体所需要的信息（每个群体都具有自己独特的议程，缺乏这些信息将无法被群体其他成员认同）—定向需求（如果缺乏该群体所需要的信息，就会产生定向需求，这将使受众大量地接触各类媒体）—媒体接触（受众会根据自己的便捷程度或者爱好，决定使用大众媒体还是人际传播来满足自己的信息需求）—议程设置的第一层—议程设置的第二层。

第三个分支是网络议程设置理论。该理论认为在互联网语境下，大众传播媒介与受众之间的权力关系开始发生转变，受众在获取信息和形成认知的过程中，其认知结构并非议程设置理论所假设的线性，而是接近于网络结构。也就是说，影响受众的不再是单个议题或者属性，而是一系列议题所组成的认知网络。大众传播媒介不仅告诉我们"想什么"或者"怎么想"，同时还决定了我们如何将不同的信息碎片联系起来，从而构建出对社会现实的认知和判断。

总的来说，在全球数字化传播视域下，议程设置理论出现了新特点，具体表现在以下四个层面：一是议程设置主体的泛化打破了媒介议题的一元化建构模式。伴随着受众地位的改变，受众更加迫切地要求参与到议程设置中来。议程设置的权力下放、主体多元化，已经成为近代议程设置的重要特征。普通受众从被动接受的位置一跃而起，成为积极表达自我的主动方。他们通过数字媒体来展示自己的观点看法，并借助网络传播，形成信息流，甚至开始充当其某一特定群体的意见领袖，逐渐成为议程设置的主体。

二是新旧媒体双向互动频繁使得反向议程设置的频率增加。在全球数字化传播环境下，社交媒体的热点话题或自媒体的重大爆料有时会反过来为传统大众媒体引入议程，形成反向议程设置。无论是从传统大众媒体流向社交媒体和自媒体的主流议程设置，还是由社交媒体和自媒体流向传统媒体的反向议程设置，都使得传统大众媒体与新兴媒体之间的互动更加频繁，二者相互融合的趋势也更加明显。

三是媒体与受众双向互动极大地拓展了议程设置内容。在当下，媒体的把关作用受到一定程度的冲击，受众对信息的需求不再满足于对正面事例的赞美，也对媒体积极发挥监督作用提出了更高的要求，以期创造更加健康和公平的公共舆论环境。因此，大众媒介在议程设置的过程中，已经将受众需求纳入了重要参考范围之内，力图将议程主题更加契合受众强烈关心或关注的议题。

四是受众的自由选择使得议程设置预期效果变得不确定。在全球数字化传播环境下成长起来的新兴媒体，其传播的信息来源更加丰富与多元，对信息的加工也更加扁平化，并趋于非专业性。与此同时，受众在新兴媒体领域对信息的选择更加自主，对信息的解读也更加多元化和自我化，这就使得议程设置的预期效果充满了变数，没有一个媒体敢斩钉截铁地说"我胜利了"。

2020 年 12 月 22 日，世界媒体实验室和世界经理人集团联合发布了 2020 年度第八届世界媒体 500 强排行榜。该榜单以全球各大媒体公司2019 年的营业收入为主要评选指标，综合确定前 500 名媒体公司。来自美国的谷歌、康卡斯特、脸书位居榜单前三名。根据榜单显示：上榜 500 家媒体公司分布在全球 43 个国家和地区，其中美国以 113 家上榜媒体位列全球第一，平均营业收入高达 78.91 亿美元；中国（含港澳台）共有 97 家媒体公司入选，位居全球第二，平均营业收入 14.23 亿美元；英国以 52 家上榜媒体排在第三，平均营业收入 23.48 亿美元；日本以 39 家上榜媒体排在第四，平均营业收入 18.92 亿美元。从行业领域来看，500 家上榜媒体共覆盖 9 个子行业，其中有 91 家企业属于电视或广播电台领域，78 家企业属于图书行业，74 家企业属于报纸领域，54 家企业属于影视文娱或节目，48 家企业属于综合媒体，44 家企业属于媒体公关领域，42 家企业属于有限宽频或卫星，42 家企业属于互联网新媒体，27 家企业属于期刊。

不难看出，在世界 500 强媒体的名单里，外国媒体公司占据了大多数，中国媒体公司不足 1/5。中国在数量上排在全球第二，但是平均营业收入远低于美国、英国、日本等国家，但是我们也应该看到，中国互联网新媒体公司正以强劲的发展势头挺进前 20 名。腾讯控股有限公司以 540.82 亿美元位居第五位，百度在线网络技术（北京）有限公司以 153.88 亿美元位居第十五位。

这个榜单从侧面也反映出中国在价值观的建构和传播过程中，尤其是在实现中国价值观的国际传播过程中面对诸多强劲对手。以美国、英国为首的西方发达国家在媒体的议程设置当中，依然凭借强大的业务能力和经济实力，成为议程设置的强势一方。中国等发展中国家虽然已经在媒体综合实力层面有了很大的起色，但依然存在综合力量弱、覆盖范围小等弱势，参与全球议程设置的能力依然处于下风。改变这些现状，将成为我们今后倍加努力的方向，增强媒体企业的国际竞争力将是中国价值观建构和传播的重要一环。

第三节　数字媒体理论

回顾人类传播史，我们不难发现，信息技术的发展起着历史性杠杆的作用。信息技术的每次创新都带来了信息传播的大变革，每一次变革都给人类的政治、经济、文化和社会生活带来了不可估量的影响，推动着人类文明不断向更高层次迈进。人类的信息传播迄今可以分为四个阶段，分别是口头传播阶段、文字传播阶段、电子传播阶段和数字传播阶段。近代以来，随着计算机网络技术的进步，尤其是互联网的发展，信息传播进入了"加速度"时代。

在学界，关于数字媒体的界定，国内外的传播理论家们各执一词。笔者梳理后，认为以下三个界定比较中肯：一个是联合国教科文组织曾经给数字媒体即新媒体下定义："以数字技术为基础，以网络为载体进行信息传播的媒介。"[①] 另一个是清华大学熊澄宇、廖毅文下的定义，他们认为："数字媒体，又称为网络媒体、新媒体，是建立在计算机信息处理技术和互联网基础之上，发挥传播功能的媒介总和。它除具有报纸、电视、电台等传统媒体的功能外，还具有交互、即时、延展和融合的新特征，其用户既是信息的接收者，又是信息的提供和发布者。它是包括数字化、互联网、发布平台、编辑制作系统、信息集成界面、传播通道和接收终端等要素的网络媒体，已经不仅仅属于大众媒体的范畴，而是全方位、立体化地融合了大众传播、组织传播和人际传播方式，以有别于传统媒体的功能影响我

---

① 陶丹，张浩达 . 新媒介与网络广告 [M]. 北京：科学出版社，2001:3.

们的社会生活。"① 还有一个是上海交通大学蒋宏和徐剑教授从内涵和外延两个层面给数字媒体下定义，他们认为："就内涵而言，数字媒体是指20世纪后期在世界科学技术取得巨大进步的背景中，在社会信息传播领域出现的建立在数字技术基础上的能使传播信息大大扩展、传播速度大大加快、传播方式大大丰富的，与传统媒体迥然相异的新型媒体。就外延而言，数字媒体包括光线电缆通信网、有线电视网、图文电视、电子计算机通信网、大型电脑数据库通信系统、卫星直播电视系统、互联网、手机短信、多媒体信息的互动平台、多媒体技术广播网等。"②

在笔者看来，数字媒体的基本技术特征是数字化，基本传播特征是互动性。数字媒体具有信息量大，使用方便，检索快速便捷、图文并茂，互动性强，信息获取速度快、传播速度快、更新速度快等诸多特征。中国人民大学匡文波教授曾在其著作中总结出了新媒体的七个特征，分别为传播与更新速度快、成本低，信息量大、内容丰富，零成本全球传播，检索便捷，多媒体传播，超文本，互动性。具体可以理解为："一般为图文并茂固定成语，可将声像单另叙述，数字媒体由于其传播介质是比特，而非原子，所以，这种传播就具备了快捷、方便和高保真等优点。"③ "数字媒体的更新周期可以分、秒计算，而且更新成本低。"④ "数字媒体用于存储数字信息的是硬盘，容量大的优势体现在它的专题报道和数据库中。"⑤ "数

---

① 熊澄宇，廖毅文. 新媒体：伊拉克战争中的达摩克利斯之剑 [J]. 中国记者，2003（05）：65.
② 蒋宏，徐剑. 新媒体导论 [M]. 上海：上海交通大学出版社，2006:14.
③ 匡文波. 新媒体概论 [M]. 北京：中国人民大学出版社，2012:11.
④ 匡文波. 新媒体概论 [M]. 北京：中国人民大学出版社，2012:11.
⑤ 匡文波. 新媒体概论 [M]. 北京：中国人民大学出版社，2012:12.

字媒体突破地域、没有疆界，而且跨国传播成本几乎为零。"① "凡是在互联网上存储的数据，网民只要动动手指，便可以通过搜索引擎在各类数据库中迅捷地获取所需的信息。"② "它是一种多媒体的传播，可借助文字、图片、图像、声音中的任何一种或几种组合来进行传播活动，这种具有立体效应的多媒体传播组合可以更加真实地反映所报道的对象，给用户带来逼真而生动的感觉。"③ "它改变了信息组合方式，它的魅力在于将分布于全世界的图文并茂的多媒体信息以超链接的方式组织到一起，用户只要连接到一个网页，在链接字上用鼠标一点就可以访问相关的其他网页。"④

在数字媒体理论研究中，针对受众的研究，尤其是网民的定量分析，一直是西方学界研究的热点。数字媒体的互动性特征使得传播者和受众之间的界限变得模糊起来。因此，原有的基于传统媒体而产生的受众理论已经"过气"。无论是施拉姆还是马莱兹客的受众研究中，都认为受众的反馈具有一定的延迟性，传受双方是不平等的，反馈在传播过程中处于薄弱的环节，但是数字媒体的传播实现了信息的双向流通和互动，而且这个互动是即时的、在线的、同步的，这就使得受众能够更加主动和随心所欲地参与信息交流和媒体互动，受众的参与性被提高到了前所未有的高度。

确切地说，从 20 世纪 90 年代中期，互联网的迅猛发展已经打破了传统的地缘政治、地缘经济、地缘文化的概念，形成了以虚拟信息为主的跨国界、跨文化、跨语言的全新空间。在这种情势下，受众的地位发生了明

---

① 匡文波. 新媒体概论 [M]. 北京：中国人民大学出版社，2012:12.
② 匡文波. 新媒体概论 [M]. 北京：中国人民大学出版社，2012:13.
③ 匡文波. 新媒体概论 [M]. 北京：中国人民大学出版社，2012:11.
④ 匡文波. 新媒体概论 [M]. 北京：中国人民大学出版社，2012:13.

显的改变。原有的点对面的传播方式被点对点传播打破，信息的线性传播模式被双向传播取代，受众中心论开始替代传者中心论。网络以海量存储能力、开放式结构和较低的准入门槛为受众参与信息的获取、传播、反馈以及个人观点的表达提供了空间和平台，打破了传统媒介的信息准入特权，使得受众的"心声"得以传递和彰显，网络变成了"观点的自由市场"。

世界上诸如美国、英国、日本等发达国家很早就开始注重受众理论的定量研究，尤其是在互联网出现之后，此类研究更是注重大量一手数据的收集和研究。在其需求之下，诞生了 NetValue、Jupiter、Media Metrix、IDC 等诸多知名的网络调查公司和机构。中国互联网络信息中心自成立以来，也潜心致力于受众层面，尤其是网民的定量研究。自 1997 年发布第一次《中国互联网络发展状况统计报告》以来，已经坚持了 26 个年头。

2022 年 2 月 25 日，中国互联网络信息中心（CNNIC）在北京发布了《中国互联网络发展状况统计报告》。该报告数据显示：截至 2021 年 12 月，我国网民规模达 10.32 亿，较 2020 年 12 月增长 4296 万，互联网普及率 73%。网络支付用户规模 9.04 亿，较 2020 年 12 月增长 4929 万，占网民整体的 87.6%。

通过分析报告中提到的数据，笔者发现中国互联网络的发展呈现以下四个特征：一是网络基础设施全面建成，工业互联网取得积极进展。在网络基础资源方面，截至 2021 年 12 月，我国域名总数 3593 万个，IPv6 地址数量 63052 块 /32，同比增长 9.4%；移动通信网络 IPv6 流量占比已经达到 35.15%。在信息通信业方面，截至 2021 年 12 月，累计建成并开通 5G 基站 142.5 万个，全年新增 5G 基站 65.4 万个；有全国影响力的工业互联网平台超过 150 个，接入设备总量超过 7600 万台套，全国在建"5G+ 工业互联网"项目超过 2000 个，工业互联网和 5G 在国民经济重点行业的融合创新应用不断加快。二是网民人数稳步增长，农村及老年群体加速融入网络社会。2021 年我国网民总体人数持续增长，城乡上网差距继续缩小。我国现有行政村已全面实现"村村通宽带"，贫困地区通信难等问题得到历史性解决。我国农村网民人数已达 2.84 亿，农村地区互联网普及率57.6%，较 2020 年 12 月提高了 1.7 个百分点，城乡地区互联网普及率差异较 2020 年 12 月缩小 0.2 个百分点。老年群体加速融入网络社会，得益于互联网应用适老化改造行动持续推进，老年群体联网、上网、用网的需求活力进一步激发。截至 2021 年 12 月，我国 60 岁及以上老年网民人数达 1.19 亿，互联网普及率 43.2%。老年群体与其他年龄群体共享信息化发展成果，能独立完成出示健康码／行程卡、购买生活用品和查找信息等网络活动的老年网民比例分别为 69.7%、52.1% 和 46.2%。三是网民上网总时长保持增长，上网设备使用呈现多元化。截至 2021 年 12 月，我国网民人均每周上网时长达到 28.5 小时，较 2020 年 12 月增加了 2.3 小时，互联网深度融入人民日常生活。我国网民使用手机上网的比例达 99.7%，手机仍是上网的主要设备；网民中使用台式电脑、笔记本电脑、电视和平板电脑上网的比例分别为 35%、33%、28.1% 和 27.4%。四是即时通信等应用广泛普及，在线医疗、办公用户增长最快。2021 年，我国互联网应用用户保持平稳增长，即时通信等应用基本实现普及。截至 2021 年 12 月，网民的即时通信、网络视频、短视频用户使用率分别为 97.5%、94.5% 和 90.5%，用户人数分别为 10.07 亿、9.75 亿和 9.34 亿。在线办公、在线医疗等应用保持较快增长。截至 2021 年 12 月，在线办公、在线医疗用户人数分别达 4.69 亿和 2.98 亿，同比分别增长 35.7% 和 38.7%，成为用户人数增长最快的两类应用；网上外卖、网约车的用户人数增长率紧随其后，同比分别增长 29.9% 和 23.9%，用户人数分别达 5.44 亿和 4.53 亿。

在中国经济领域有一个概念叫 2000 万现象，指的是彩电、冰箱、空调等均在用户数量达到 2000 万以后迅速走向大众化，中国手机的普及也印证了这一现象的存在。中国的网络用户数量在突破 2000 万之后，其受众开始由精英向大众化倾斜，也印证了这一经济学现象。事实已经雄辩地证明，手机成为受众接触网络的首要载体，而网络受众的大众化趋势也已不可遏制。

与传统媒体理论中的受众心理分析相比，数字媒体理论中的受众拥有很多突出的心理特征。第一个特征就是参与性心理。与传统媒体的受众不同，数字媒体的受众不仅仅是信息的接受者和旁观者，更是信息的传播者。在参与数字传播的过程中，他们有更多的自主性来发表自己的观点或者提出对信息获取的某个层面的需求，甚至是主动将自己认为有价值的信息直接放到网络上传播。他们不仅仅满足于信息的简单式浏览和搜索，而是会借助 E-mail、BBS、网上聊天、直播等方式参与传播活动，展示自己的观点或者态度。第二个特征是其个性化心理。在传统大众媒介中，受众的个体需求需要其通过自身在海量的信息产品中进行挑选并得到部分满足，但是挑选的余地十分有限。在数字媒体中的受众，却是另外一种景象。他们可以更加自由地选择自己喜欢的网站、媒介信息或移动服务，而且选择的时间也不再限定化，"只要你想就随时可以"的全天候获取模式，让受众的选择余地大大增加，不再受时空限制，甚至可以根据自己的喜好，将其感兴趣的信息主动传播到网络上，与他人互动、分享和交流。可以说，在这里，受众的个性化心理得到了很大程度的彰显。第三个特征就是匿名心理。与传统媒体的受众相比，数字媒体为受众提供了一个线上的虚拟环境，在这个环境里面，受众的真实身份或者信息可以用一个昵称或者代号来表现，在信息交流、获取或者共享的过程中，受众很大程度上不知道交流对象是谁，正如有学者戏谑地说"跟你网上聊天的很有可能是一只狗"。虚拟环境带来的开放和自由，让受众的匿名心理得到了进一步的释放，其很有可能跳脱开现实世界的身份，在网络世界中给自己赋予一个美好的"身份想象"，并借助这个"身份"来发表观点、参与线上活动，甚至是成为某个网络社群的意见领袖式人物。

第四节　整体互动传播理论

浙江大学邵培仁教授在其著作《传播学》中，提出了整体互动传播理论。在该书中，邵培仁教授"不局限于当时传播过程五要素的分析和透视，也不满足于对传播研究中的若干模式做简单的拼凑、焊接，而是依据上述模式标准努力探寻学科内部的关系逻辑和基本规律，建立了一个具有中国特色的传播模式"[①]。

该理论认为，传播学研究所面对的"不只是支撑信息传播过程的几种要素和一些单纯的信息传播现象，而是从一定的角度和层面上所面对的整个世界，即它应向自己要解决的那个任务的所有现象开放"[②]。也就是说，

① 邵培仁. 传播学 [M]. 北京：高等教育出版社，2007：83.
② 肖荣. 整体互动论：独树一帜的传播模式 [J]. 徐州师范学院学报，1992(03)：63.

该理论认为传播学的研究对象是一个有机的相互联系的传播整体，只有把各种传播要素有意识地联系起来加以考察、审视，才能找出各种传播要素之间的内在机制和外在关系的互动规律。

不难发现，整体互动传播理论中包含了三个系统，分别是人际传播系统、大众传播系统和网络传播系统，这三个系统共同绘制了人类传播领域的独特风景。它还包含了构成传播活动的四大类因素，即核心因素、次级因素、边际因素和干扰因素。核心因素指的是传播者、信息、媒介、受传者、效果，次级因素指的是信源、符号、谋略与技巧、参与者、译码或接受和反馈，边际因素指的是价值因素、环境因素、规范因素、经验因素，干扰因素指的是人为干扰、机械干扰、自然干扰和内容干扰等因素。

整体互动传播理论具有四个十分明显的特征：一是整体性和全面性。它是对人类全部传播现象的整体反映，客观再现了各个传播要素的活动特征，也真实凸显了人类传播活动的基本过程和内外联系。二是辩证性和互动性。传播系统中的各个要素都是相互影响和制约的关系，任何一种要素功能的释放和发挥，都需要其他要素的协同配合，也会引起一系列的连锁反应。三是动态性和发展性。该理论的传播模式不是一成不变的，随着现实传播活动的变化而富有动态变化，传播的角色是不断变化的，传播的线路也会经常变更。四是实用性和非秩序化。与拉斯韦尔的5W传播模式、奥斯古德的双行为传播模式、施拉姆的循环传播模式等具有理性化色彩的模式相比，整体互动传播模式与实际紧密相连。在实际的执行过程中，信息的传播也不是按部就班地走完全部流程，而是可以跨越一个和几个要素，直接将信息送达特定的受传者那里。

肖荣认为："邵培仁整体互动传播理论的最大特色是它告别了传播学研究中挥之不去的'西方中心主义'，努力在中国文化的宝库和中国学术的园地中吸取营养……所谓中国特色，不会只停留在整体互动论唯物、辩证的特点上，也不会只局限于适应中国国情、反映中国实际、顺应中国读者的阅读习惯和思维惯性等方面，还表现在邵培仁对中国古代文化典籍和现代学术著作的广泛征引和合理运用上，使传播学根须深深地扎在中国文化肥沃的土壤之中。"① 这个评价虽不乏溢美之词，但是也提出了一个很重要的观点，那就是整体互动传播理论有其存在的合理性和先进性。在主流价值观的传播与建构过程中，我们也不妨利用或者参考这一模式来实现主流价值观的国内传播、跨国传播，甚至是全球传播。

第五节　文化软实力的提出

"软实力"的英文"Soft Power"，由美国哈佛大学教授约瑟夫·奈率先提出。1990 年，约瑟夫·奈在《对外政策》杂志上发表的《软实力》一文中，最早明确提出并阐述了软实力的概念。2004 年，约瑟夫·奈在其专著《软实力：世界政治中的成功之道》中，又对软实力概念进行了补充。概括起来，约瑟夫·奈将一个国家或地区的综合国力分为硬实力与软实力两种形态。硬实力指的是一个国家或者地区的国内生产总值、城市基础设施等硬性指标，而软实力是指一个国家或地区的文化、价值观念、社会制度等影响自身发展潜力和感召力的因素，主要包括政治价值观（当这个国

① 肖荣. 整体互动论：独树一帜的传播模式 [J]. 徐州师范学院学报，1992(03):64.

家在国内外努力实现这种价值观时）、文化（在能对他国产生吸引力的地方起作用）及外交政策（当政策被认为合法且具有道德威信时）三个层面的内容。其中，文化是国家软实力的核心因素。

软实力是文化和意识形态吸引力体现出来的力量，是世界各国制定文化战略和国家战略的一个重要参照系。表面上文化确乎很"软"，却是一种不可忽略的伟力。任何一个国家在提升本国政治、经济、军事等硬实力的同时，会认为提升本国文化软实力也是重要的。一般认为，软实力的主要来源为一个国家或地区的文化、国内政治价值观、贯彻价值观的政策和制度、外交政策、国民素质和形象。

文化软实力作为国家软实力的核心，越来越受到各个国家和地区的重视，中国也不例外。随着全球化数字传播的广泛影响，当今世界发生了深刻的变革，针对这一新变化，尤其是针对全球范围内和平与发展的新形势，党中央把提高国家文化软实力作为党和国家的一项重大战略任务。党的十八大以来，习近平总书记多次在不同场合，就国家文化软实力发表了一系列重要论述。例如，2014年5月4日，习近平总书记在与北京大学师生座谈会上讲道："每个时代都有每个时代的精神，每个时代都有每个时代的价值观念。……我们提出的社会主义核心价值观，把涉及国家、社会、公民的价值要求融为一体，既体现了社会主义本质要求，继承了中华优秀传统文化，也吸收了世界文明有益成果，体现了时代精神。提高国家文化软实力，必须努力传播当代中国价值观念。当代中国价值观念，就是中国特色社会主义价值观念，代表了中国先进文化的前进方向。"2014年10月13日，习近平总书记在中共中央政治局第十八次集体学习时强调："中华优秀传统文化是我们最深厚的文化软实力，也是中国特色社会主义植根的文化沃土。提高国家文化软实力，要努力夯实国家文化软实力的根基。夯实国内文化建设根基，一个很重要的工作就是从思想道德抓起，从社会风气抓起，从每一个人抓起；其次是要继承和弘扬我国人民在长期实践中培育和形成的传统美德，努力实现中华传统美德的创造性转化、创新性发展，引导人们向往和追求讲道德、尊道德、守道德的生活，让13亿人的每一分子都成为传播中华美德、中华文化的主体。"

应该说，我们党和国家已经把提升国家文化软实力作为实现中华民族伟大复兴的新的战略着眼点，文化软实力作为现代社会发展的精神动力、智力支持和思想保证，越来越成为民族凝聚力和创造力的重要源泉，越来越成为综合国力竞争的重要因素。一个民族的复兴，必须有文化的复兴做支撑。实现中华民族伟大复兴必然伴随着中华文化的繁荣兴盛，而繁荣兴盛中华文化必然以提升我国文化软实力为根本途径。

文化是一定经济基础和上层建筑的反映，政治上层建筑对文化的影响最为直接和深刻。文化软实力很大程度上来源于制度软实力，制度赋予文化属性、内涵、品格，文化软实力以制度软实力为力量支持。中国特色社会主义制度是适合中国国情、反映时代要求、保障公平正义、代表人民利益、经过实践检验的制度，具有深厚强大的生命力。这一制度对于文化软实力具有双重意义：一是制度自身成为文化软实力的政治基础和力量源泉，制度优势成为文化自信的基石。中国特色社会主义经济政治制度，以其制度的先进性增强了文化软实力。二是制度本身作为一种文化存在，内在于文化软实力之中，构成文化软实力的有机组成。制度的感召力、制度价值的影响力就是文化软实力,中国制度实质上也是中国形象。

为此,我们要自觉树立文化软实力就是重要国力的观念:一是要明确中华优秀传统文化是中国文化软实力之根。在纪念孔子诞辰 2565 周年国际学术研讨会暨国际儒学联合会第五届会员大会开幕式上,习近平总书记曾指出,中国人民的理想和奋斗、中国人民的价值观和精神世界,是始终深深植根于中华优秀传统文化沃土之中的。中国优秀传统思想文化体现着中华民族世世代代在生产生活中形成和传承的世界观、人生观、价值观、审美观等,其中最核心的内容已经成为中华民族最基本的文化基因,是中华民族和中国人民在修齐治平、尊时守位、知常达变、开物成务、建功立业过程中逐渐形成的有别于其他民族的独特标识。中华民族 5000 多年的悠久文明,孕育发展出根深叶茂、源远流长、丰富多样的优秀传统文化。优秀传统文化塑造了民族品格,滋养了中国精神,陶冶了中华儿女,是中华民族自立于世界、生生不息的文化基因。我们的国家文化软实力,只有深深植根于中华优秀传统文化之中,才能干壮枝强。如果抛弃传统、丢掉根本,就等于割断了自己的精神命脉,文化软实力就会患上"营养不良症""贫血症"。

二是要知道社会主义核心价值观是中国文化软实力之魂。文化软实力是一个多要素、多层次、多维度的体系,在这一体系中,核心价值观是灵魂,是决定文化软实力最重要的因素。颜晓峰认为,核心价值观是一个民族在发展的历史进程中,依据社会经济、政治制度的基本属性,依据意识形态的本质要求,依据民族文化传统的深厚血脉,由国家正式确定的最基本的价值观念,作为全民族、全社会、全体人民的基本价值导向和遵循。确立了核心价值观,国家的基本价值就会更加彰显,社会的价值取向就会更加明确，全民的价值规范就会更加有效，文化的无形力量就会更加聚能。一个民族的发展兴旺，离不开进步的核心价值观引领方向；一个国家的团结和睦，离不开统一的核心价值观凝聚共识；一种文化的自信自强，离不开先进的核心价值观提供支撑。积极培育和践行社会主义核心价值观，对于巩固全党全民团结奋斗的共同思想基础，对于集聚实现中华民族伟大复兴中国梦的强大正能量，具有重要的现实意义和深远的历史意义。增强文化软实力，需要培育核心价值观。社会主义核心价值观提供了强有力的精神力量，构成了文化软实力的精髓。

三要提升国家文化软实力，努力提高国际话语权。习近平总书记在中共中央政治局第十二次集体学习时就强调，提高国家文化软实力，要努力提高国际话语权，加强国际传播能力建设，精心构建对外话语体系，发挥好新兴媒体作用，增强对外话语的创造力、感召力、公信力，讲好中国故事，传播好中国声音，阐释好中国特色；要加大对中国人民、中华民族优秀文化和光荣历史的正面宣传力度。通过学校教育、理论研究、历史研究、影视作品、文学作品等多种方式，加强爱国主义、集体主义、社会主义教育，引导我国人民树立和坚持正确的历史观、民族观、国家观、文化观，增强做中国人的骨气和底气。要注重塑造我国的国家形象，重点展示中国历史底蕴深厚、各民族多元一体、文化多样和谐的文明大国形象，政治清明、经济发展、文化繁荣、社会稳定、人民团结、山河秀美的东方大国形象，坚持和平发展、促进共同发展、维护国际公平正义、为人类做出贡献的负责任大国形象，对外更加开放、更加具有亲和力，充满希望、充满活力的社会主义大国形象。

第四章　当代中国主流价值观的建构与传播实践

　　中国在 1978 年实行改革开放以前，主流价值观的建构与传播基本上与高度集中的计划经济体制是相适应的，呈现出一体化的意识形态话语结构特征。改革开放以来，随着各利益主体地位的逐步确立，价值观念日益多样化、多维化，特别是 20 世纪 90 年代以来，伴随着市场经济体制的不断完善，经济全球化的不断深入和文化的全球互动与均质化发展，使得各种非主导文化、另类文化、边缘文化、青年亚文化等多元化文化带来的价值观辐射，不断对中国主流价值观的建构与传播提出挑战。在分化与融合成为价值观变化与表征的"时代之镜"之下，中国主流价值观的传播与建构也在进行诸多实践。

第一节　社会主义文化强国战略的提出与实践

　　一个国家、一个民族的强盛，总是以文化兴盛为支撑的，中华民族伟大复兴需要以中华文化发展繁荣为条件。党和国家高度重视社会主义文化建设，在立足于为实现中华民族伟大复兴中国梦提供思想保证、精神力量、价值支撑的基础上，提出了坚定文化自信、发展社会主义精神文明、加快建设社会主义文化强国等一系列战略设计，形成了相对完整的国家文化战略布局。"建设社会主义文化强国"成为我国国家文化战略的集中表达，形成了对以往文化改革发展经验和未来发展目标的集成性概括。

党中央在十七届六中全会上首次提出了文化强国战略。党的十八大报告中专列文化强国专题，提出扎实推进社会主义文化强国建设的目标，并明确了加强社会主义核心价值体系建设、全面提高公民道德素质、丰富人民精神文化生活、增强文化整体实力和竞争力四大任务，使文化建设在国家战略中的地位显著提升，成为与经济、科技和教育等同等重要的国家现代化推进力量。党的十九大报告进一步阐述了文化发展对于国家建设的重大战略价值，第一次提出将文化自信作为检验文化强国的重要标尺。在继续推进建设社会主义文化强国的基础上，党的十九届四中全会确立了"坚持和完善繁荣发展社会主义先进文化的制度，巩固全体人民团结奋斗的共同思想基础"，"更好构筑中国精神、中国价值、中国力量"，进一步丰富了文化强国建设和国家文化软实力的核心内涵。党的十九届五中全会提出推进社会主义文化强国建设，建设社会主义文化强国成为国家宏观层面与科技强国、教育强国等相协同的总体战略架构，规定了"十四五"我国内部文化发展和对外文化开放两大领域的发展目标和任务。党的十九届五中全会上明确将建设文化强国。"国民素质和社会文明程度达到新高度，国家文化软实力显著增强"的文化战略目标纳入2035年基本实现社会主义现代化远景目标中，这是基于高度凝练中国文明认同型国家文化比较优势而提出的"十四五"及未来国家文化发展方向和政策路径的基本策略。

2020 年 10 月，《中共中央关于制定国民经济和社会发展第十四个五年规划和二〇三五年远景目标的建议》指出，到 2035 年要建成文化强国，并且"繁荣发展文化事业和文化产业，提高国家文化软实力"。这是自 2011 年党的十七届六中全会确立建设文化强国战略愿景以来，第一次从国家规划层面提出了完成文化强国目标的时间表。

建设社会主义文化强国是党的文化建设理论的新发展，是时代发展和人民意愿的内在要求，必须坚持中国特色社会主义文化发展道路，以高度的文化自觉、自信、自强建设社会主义文化强国。文化强国的战略目标指引着新发展阶段我国社会主义文化建设的基本方向，成为我国文化事业建设和文化产业发展的战略目标和强大引力，规划了我国社会主义文化发展的主要内容与根本任务。

文化强国的战略目标回应了新发展阶段人们追求美好生活的民生关切。从小康社会到现代化国家的过程，是一个不断提高社会文明程度的过程。在物质需求基本满足之后，精神生活的需要成为人们向往美好生活的首选需求。建设社会主义现代化国家，不仅要满足人们物质生活水平的需要，更要满足人们精神生活水平的需要。文化是一个国家强大兴盛的精神动能，文化基因是一个民族生生不息的价值能量。在时下中国进入新发展阶段之后，人们追求的美好生活是"美"的生活与"好"的生活的内在统一与高度平衡。社会主义文化高质量发展的内涵追求，要求文化产品的生产机构从供给侧提供有内涵、有价值、高品质的文化产品，要求作为文化消费者的广大人民群众从需求侧保持提升个体审美境界和高远格局的精神追求。

文化强国的战略目标赋予了中华文化创造性传承与创新性发展的时代

使命。新发展阶段需要涵育新发展动力，增强全民文化创造的活力。文化发展不仅是社会经济发展的目标，也是经济增长的生产动能和产业升级的生产要素。文化作为新发展阶段的新生产要素，来源于传统文化的活化、现代文化的创造和新兴文化的培育。从历时性的时间维度而言，文化强国表现在过去文化资源的开发、历史文化遗产的保护基础上，着力提炼文化资源的时代价值和当代意义，构建属于当代人的文化生活。从共时性的空间维度而言，文化强国则表现为中华优秀文化资源的全球共享、人类命运共同体集体信仰的中国创造。中国人自古以来孕育而成的生活智慧与价值理念，比如"大同社会的共同富裕、万物一体的生态和谐，民胞物与的人类大爱，万有相通的天人合一，气韵生动的审美意象"等观念，随着技术的发展、时代的进步和社会的开放，越发显示出划时代的超越意义和跨国族的基本价值。当前，在新数字基建的技术驱动下，我们要大力构建中华文化大数据体系工程，建设中华遗产标本库、中华民族文化基因库和中华文化素材库，打造不同类型的场景化、沉浸式、互动性的文化体验空间，积极探索中华文化的生活态传承和数字态创新的新模式。

文化强国的战略目标塑造了公共文化服务构建政府、社会与公众"三位一体"的格局体系。人民群众不仅是文化产品的消费者，也是文化权利的主导者。文化发展不仅起到滋养社会生活的作用，还发挥着教化公民的社会功能。党的十九届五中全会提出要着力提升公共文化服务水平，坚持文化建设的人民立场，大力推进更加便利、更加开放、更加健康的公共文化服务内涵，实现更加普惠、更加均等、更加公平的公共文化服务质量。新发展阶段公共文化服务水平的提升，要完全覆盖公共文化空间、公共文化产品和公共文化活动等多元形态的"公共性"营造，要充分整合政府治理、社会参与、公众自主等不同主体的"共享性"机制。要打破不同文化行业主管部门条块分割、信息孤岛、重复配置的区隔状态，充分利用智能互联网、区块链、大数据等信息技术手段，加强政府部门公共文化资本的有序整合，调动民间机构社会文化资本的有效协同，发挥公民个体文化资本的有机共生，构建"自上而下"和"自下而上"的互动机制。

文化强国的战略目标引导了文化产业构建新发展格局和追求高质量发展的综合效益。现代化文化强国的实现要以现代化文化产业体系的健全为基础动力，要在文化发展领域贯彻落实创新、协调、绿色、开放、共享的新发展理念。我国丰富的文化资源要以市场机制进行优化配置，不断激发人民的创造活力，在大力满足国内消费的前提下，不断开发适应国际文化市场需要的全球文化产品。新发展阶段文化产品的生产函数和文化消费的需求结构都已经发生了重大变化，文化生产的外部环境和全球形势也面临全新的挑战，文化产业的可持续发展要构建以国内大循环为主体，国内国际双循环相互促进的价值链、供应链和生产链。新发展阶段我国将进入中等发达国家行列，一大批中产阶级的崛起将催生出巨量的高品质文化消费市场潜能，将成为全球最大的文化市场。文化产业的生产经营单位要抓住国内规模巨大的文化市场释放出来的发展机遇，不断创新产品，推动数字文化产业的发展，培育新业态，拓宽新渠道，保持开放心态，积极开拓国际文化市场，讲好中国故事，加强文化出口导向的发展能力。

40多年来，中国文化体制改革的实践证明，我们有两条重要的经验可以总结：一个是把文化发展战略纳入国家发展战略全局，发展和完善中国特色社会主义文化制度；另一个是将推动中华文化走向世界和把握世界文明发展趋势结合起来，增强中华文化的国际竞争力和影响力。当下，随着中国与世界经济、文化联系的深化，受国内问题国际化和国际问题国内化双轨并进、相互影响的制约，国家文化战略将不仅仅是国内文化建设规划，更是国际文化交流行动规划和国际文化产业发展规划。因此，我们接下来必须进一步深化建设社会主义文化强国战略的内涵，进一步明确利用数字信息技术机会和国内国际两个文化市场建设文化强国的政策路径。

建设 21 世纪中华民族文化共同体，构建中华民族精神家园，体现了文化认同型国家建设的内在要求。这既是国家文化软实力的现实表达，也是测度国家文化强国战略目标实现程度的标尺。

在全球政治多极化、经济全球化和文化交往深入化的当代社会，文化冲突和文化融合双向演进，对国家共同体和国家文化软实力的建设形成高度复杂的影响机制。建设社会主义文化强国、提升国家文化软实力，不仅要把国内自己的事情办好，完成繁荣文化事业、发展文化产业的既定目标，而且还要把强化文化认同提上重要日程。近代以来的历史证明，西方发达国家对发展中国家的文化霸权，引发了后发现代化国家内部的文化认同危机，导致了维系民族和国家共同体的"价值之轴"的混乱，产生了一系列不良的连锁反应。这便对发展中国家提出了强化文化认同、建设民族精神家园的要求。

推进国家文化战略创新，必须从理论和政策层面就近代以来中华民族文化现代转型的基本命题——"中西体用"问题——进行突破和创新，在中西文化碰撞和交流互鉴中界定中西方文明的差异，建设中华民族自己的精神家园；必须在实践层面上形成学习互鉴和相互交融的制度通道，形成促进中华传统文化现代转型和创新的可行路径。因此，应以建设中华民族精神家园为目标，在文化强国战略中进一步深化中华民族文化共同体的特色内涵，在全球比较视野下超越农耕文明和工业文明的局限，在中外文化交流互鉴的基础上重建 21 世纪中华民族共同的文化价值系统和文化象征符号系统，从而构建 21 世纪中华民族精神家园的价值基础。

进入 21 世纪，移动互联网、大数据、人工智能、区块链、5G、量子计算等颠覆性科技创新及其在文化领域中的普及应用，在改变文化生态、催生新兴文化业态、变革文化生产方式的同时，也推动国家文化管理职能体系进行适应调整。一方面随着数字电影、网络游戏、网络视频、数字艺术等新兴文化产品的不断涌现，国家需要不断拓展管理职能范围，如设置网络产品、数字产品管理机构部门；另一方面随着数字信息技术对于传统文化行业的渗透，沉浸式、体验式、互动式等文化消费方式逐步替代单向度端菜式、格式化供需方式，从而倒逼文化领域格式化管理模式的转型。技术革命引发的文化消费革命，为推动建立以移动互联网为平台、以数字信息技术为纽带、包容政府和社会力量的新型文化治理体系提供了源源不竭的动力。相比于类型技术，数字信息技术是平台技术，对于基于类型技术之上的传统文化行业体制是一种革命性的力量。"十四五"及未来 10 年，我国传统的文化行业体制将迎来结构性改革的机会窗口。

与以往的管理体系相比，国家文化治理体系具有体系结构的复杂化与开放性、运行机制的市场化与平等性、功能内容的复合化与包容性、方式手段的协同化与参与性、整体格局的网络化与互动性等五个特征。推进文化治理体系和治理能力现代化，不仅体现为国家对内公共管理职能的现代化，而且体现为国家对外管理职能的全球并轨。全球数字信息技术的迅猛发展，打破了文化传播，特别是文化产业的空间和物理界限，绝大多数的文化载体（包括文字、图像、声音、表演等），都可以转化为数字形式在全球不同领域之间快速转移。借助数字信息技术，不同国家的文化产品的生产、传播和消费，与全球的商品市场渠道融合在一起。中国作为拥有 14 亿人口的巨型国家和不断成长的消费市场，具备天然的竞争优势，但这种优势只有通过相互开放文化市场才能得以发挥，从而转化为推动经济社会发展的巨大动力。同时，数字全球化过程也是全球化利益再平衡过程，给予了发展中国家公平参与全球竞争的机会，为中国实现文化产业升级与开拓全球文化市场提供了良好契机。这就要求国家文化管理职能体系强化对外管理和服务职能，积极主动参与国际文化贸易、数字创意产品交易规则的重建，在全球经济贸易规则重构中体现中国要求和中国标准，承担起促进全球文化市场持续稳定发展的大国责任。

建设文化强国是通往世界强国的不二途径，也是增强民族文化自信的必由之路。改革开放 40 多年，中国的现代化经历了从农业社会到工业社会、从计划经济到市场经济、从工业社会到信息社会三重叠加转型的复杂过程。在这一转型过程中，我国迎面撞上了国内文化现代转型、国民文化身份重建与国际文化交流中西强东弱、西方文化霸权之间的结构性不对称，这种结构性不对称导致国家现代化进程中民族文化自信不足和文化认同障碍。"如果我们的人民不能坚持在我国大地上形成和发展起来的道德价值，而不加区分、盲目地成为西方道德价值的应声虫，那就真正要提出我们的国家和民族会不会失去自己的精神独立性的问题了。如果没有精神独立性，那政治、思想、文化、制度等方面的独立性就会被釜底抽薪。"因此，必须坚定文化自信，推动中华文化的创造性转化和创新性发展，推动中华文化的现代转型。

坚定文化自信，是对西方价值主导下东方文化"他者"设限的超越。西方工业科技文明为近 300 年来的世界建立了以西方为中心的文化和价值观参照系，即建立了以马克斯·韦伯新教伦理与资本主义文化为底色、以工业化和城市化为标识的现代化模式的价值尺度，并按照这一价值标准在全球范围内重绘了现代社会与非现代社会（所谓"他者"世界）的疆域，从而引发了非西方社会的"他者化"和文化自卑心理，导致世界上后现代化国家、非西方社会现代化进程中的文化障碍。在这一大背景下，坚定文化自信的国家目标和政策体系的探索与确立，能够为国家文化战略提供强大支撑，有利于将社会主义先进文化蕴含的理想目标、价值理念、道德观念和文化情感等融入国家制度和国家治理体系建设中，把独特的文化优势转变为共同的价值共识，形成中国社会共同的制度意识形态基础。

中国的现代化进程必须超越西方世界的"他者"设限，以中华文化为本位，从一个被西方"表述"的"客体角色"转变为"讲好中国故事"的独立主体，重建民族文化自信，走出一条不同于西方的具有鲜明中国特色的现代化道路。这就要求更加科学地对待中西文化的互动关系：一方面尊重和承认中西文化的差异，另一方面对中华民族自身文化主体身份的建构保持文化自觉。"传承中华文化，绝不是简单复古，也不是盲目排外，而是古为今用、洋为中用、辩证取舍、推陈出新，摒弃消极因素、继承积极思想，'以古人之规矩，开自己之生面'，实现中华文化的创造性转化和创新性发展。"

　　坚定文化自信，必须将其放在全球化的大背景下来考量。全球化环境下的文化强国之路已经与文化开放联系在一起。全球经济文化一体化，国际文化市场既是经济的竞技场，又是思想观念的交流交锋场，中华文化的繁荣发展越来越离不开国际文化市场大舞台，需要借助国际文化市场的对等开放和公平竞争，获得自身发展强大的机会。实践证明，只有在世界文化市场的开放竞争中实现中华文化的传承、发展、创新、传播，才能提升国家文化软实力、建设文化强国，才能从根本上增强民族的文化自信。

　　世界强国都是文化大国，而文化大国的文化无不是由强大文化产业和强大民族凝聚力支撑的开放文化。建设文化强国是通往世界强国的不二途径，也是增强民族文化自信的必由之路。在推进中西文化交流和参与国际文化市场竞争的过程中，建立健全国内国际双循环体系，努力开拓国际文化市场，大力发展民族文化产业，是社会主义文化强国战略的题中应有之义。进入21世纪以来，特别是党的十八大以来，我国的文化战略和文化政策形成了三个重要的变化趋势：一是文化建设在国家战略体系中的地位发生变化，实现了从"边缘"到"中心"的转变；二是文化战略和文化政策的目标对象和范围发生变化，实现了从"小文化"到"大文化"的转变、从文化系统内部结构调整到"文化+""五位一体"全面建设的转变；三是文化行业的性质定位发生变化，实现了从单纯思想和文化资源、辅助性社会资本建设到国家资本和核心战略资源建设的转变。"一个国家，当文化表现出比物质和货币资本更强大力量的时候，当经济、产业和产品体现出文化品格的时候，这个国家的经济才能进入更高的发展阶段，才能具有可持续发展和持续创造财富的能力。"这种新文化观念促动之下的深刻变化，集中体现为国家文化战略及其政策支撑体系的确立与完善。

第二节　社会主义核心价值体系的建立

2006 年 10 月，党的十六届六中全会通过的《中共中央关于构建社会主义和谐社会若干重大问题的决定》，第一次明确提出了建设社会主义核心价值体系这个重大命题和战略任务。2007 年，胡锦涛总书记在"6·25"重要讲话中强调，要大力建设社会主义核心价值体系，巩固全党全国人民团结奋斗的共同思想基础。社会主义核心价值体系包括四个方面的基本内容，即马克思主义指导思想、中国特色社会主义共同理想、以爱国主义为核心的民族精神和以改革创新为核心的时代精神、社会主义荣辱观。党的十八大首次提出，要倡导富强、民主、文明、和谐，倡导自由、平等、公正、法治，倡导爱国、敬业、诚信、友善，积极培育和践行社会主义核心价值观。习近平总书记在十九大报告中指出，坚持社会主义核心价值体系，必须坚持马克思主义，牢固树立共产主义远大理想和中国特色社会主义共同理想，培育和践行社会主义核心价值观，不断增强意识形态领域主导权和话语权，推动中华优秀传统文化创造性转化、创新性发展，继承革命文化，发展社会主义先进文化，不忘本来、吸收外来、面向未来，更好构筑中国精神、中国价值、中国力量，为人民提供精神指引。

当今中国，社会主义核心价值体系是社会主义制度的内在精神和生命之魂，是社会主义制度在价值层面的本质规定，它揭示了社会主义国家经济、政治、文化、社会的发展动力，体现了富强、民主、文明、和谐的社会主义现代化国家的发展要求，反映了全国各族人民的核心利益和共同愿望。在当前经济体制深刻变革、社会结构深刻变动、利益格局深刻调整、思想观念深刻变化，思想大活跃、观念大碰撞、文化大交融的背景下，提出建设社会主义核心价值体系，具有重要的理论意义和极强的现实针对性。

提出建设社会主义核心价值体系，向世人展现了我们党思想上、精神上的旗帜。改革开放以来，我们党带领全国人民成功探索出了一条中国特色社会主义道路，并在经济、政治、文化等方面建立了一套比较成熟的制度和体制。与这些根本性的制度和体制相适应，必然有一个主导全社会思想和行为的价值体系。特别是随着改革开放和社会主义市场经济的进一步发展，人们思想活动的独立性、选择性、多变性和差异性不断增强，对社会主义价值体系核心内容做出清晰的界定越来越迫切。核心价值体系就是一面旗帜，鲜明地亮出这面旗帜，就是要昭示人们，不论社会思想观念如何多样多变，不论人们价值取向发生怎样变化，我国社会主义核心价值体系是不能动摇的。

提出建设社会主义核心价值体系，是巩固全党全国人民团结奋斗的共同思想基础的需要。共同的思想基础，是一个党、一个国家、一个民族赖以存在和发展的根本前提。没有共同的思想基础，党就会瓦解，社会就会动荡，国家就会分裂。对党和人民在革命、建设和改革的长期奋斗过程中形成的共同思想基础做出科学的概括和清晰的界定，明确其基本内涵和基本要求，使之容易为全党全社会更加全面准确地理解和把握，在今天社会思想观念和人们价值取向日益多样的情况下，就显得十分必要和迫切。提出社会主义核心价值体系，就明确揭示了我们共同思想基础的基本内涵和要求，将会推动全党全社会更加自觉地维护我们的共同思想基础。

提出建设社会主义核心价值体系，是增强民族凝聚力、提高国家竞争力的迫切需要。当今世界，各国经济既相互融合又相互竞争，不同文化既相互借鉴又相互激荡。经济全球化的不断深入，既挑战着国家主权的内涵，又冲击着人们的国家观念、民族认同感。国家之间的竞争，既表现为经济、科技、军事等硬实力的竞争，又越来越反映在软实力之间的较量。在软实力中，最关键的就是核心价值体系，它直接反映着民族的凝聚力和国家的核心竞争力。"天下之至柔，驰骋天下之至坚。"在这种情况下，提出建设社会主义核心价值体系，有利于进一步凝聚民心、鼓舞斗志，提高经济全球化条件下的国家竞争力，在激烈的国际竞争中维护国家和民族利益。

此外，建设社会主义核心价值体系也是建设和谐文化的根本。只有抓住了这个根本，才能树立和谐的理念、培育和谐的精神，形成和谐的人际关系；塑造和谐的心态，才能营造和谐的舆论氛围，形成良好的道德风尚和共同的理想信念。

社会主义核心价值体系的内容很明确、很具体，体现在社会成员的具体行为中，体现在现实生活里，和我们每个人都息息相关。它包括四个方面的基本内容，即马克思主义指导思想、中国特色社会主义共同理想、以爱国主义为核心的民族精神和以改革创新为核心的时代精神、社会主义荣辱观。

马克思主义指导思想，是社会主义核心价值体系的灵魂。我国是社会主义国家，马克思主义是我们立党立国的根本指导思想，是社会主义意识形态的旗帜。它为我们提供了科学的世界观和方法论，决定着社会主义核心价值体系的性质和方向。坚持马克思主义，是因为它是科学真理，它把严格的科学性和高度的革命性有机地结合起来，揭示了人类社会的发展规律。综观当今世界，各种理论思潮、流派纷呈林立，但不容否认，马克思主义仍然处于人类社会思想史的高峰，仍然是指引人类前进的一盏明灯。马克思主义是一个开放的理论体系，它始终以客观事实为根据，吸收、借鉴和融合各种优秀的思想文化成果，在实践中不断前进、不断发展。100多年来，中国共产党坚持马克思主义基本原理同中国实际相结合，先后形成了毛泽东思想、邓小平理论、"三个代表"重要思想这三大理论成果，提出了科学发展观等一系列重大战略思想，不断赋予马克思主义以勃勃生机。正是在中国化马克思主义的指导下，我们党不断从胜利走向胜利，把一个贫穷落后的中国，变为一个初步繁荣昌盛、欣欣向荣的中国。

中国特色社会主义共同理想，是社会主义核心价值体系的主题。这一共同理想，就是在中国共产党的领导下，走中国特色社会主义道路，实现中华民族伟大复兴。回顾近代以来100多年的历史，实现民族复兴是中华儿女世世代代的追求和梦想。中华人民共和国成立后，我们党在领导人民建设社会主义的过程中，找到了建设中国特色社会主义的正确道路。这条道路既坚持了科学社会主义的基本原则，又根据我国实际赋予其鲜明的中国特色，赋予民族复兴新的强大生机。改革开放40多年来，社会主义制度又在除弊创新中自我完善和发展，经济社会发展取得了举世瞩目的伟大成就，更加坚定了全国各族人民实现共同理想的信念。理想是灯塔，是风帆，引领着社会进步。中国特色社会主义共同理想，是当代中国发展进步的旗帜，是动员、激励全国各族人民团结奋斗的旗帜。它反映了我国最广大人民的根本利益、共同愿望和普遍追求，既实在具体又鼓舞人心，它把国家的发展、民族的振兴与个人的幸福紧密地联系在一起，把各个阶层、各个群体的共同愿望有机地结合在一起，具有强大的感召力、亲和力、凝聚力。不论哪个社会阶层、哪个利益群体，都能认同和接受这个共同理想，并愿意为之奋斗。

民族精神和时代精神，是社会主义核心价值体系的精髓。它是一个民族赖以生存和发展的精神支撑。在5000多年的历史演进中，中华民族形成了以爱国主义为核心的团结统一、爱好和平、勤劳勇敢、自强不息的伟大民族精神；在改革开放新时期，中华民族形成了勇于改革、敢于创新的时代精神。二者相辅相成、相互交融，已深深熔铸在中华民族的生命力、创造力和凝聚力之中，共同构成中华民族自立自强的精神品格，成为推动中华民族伟大复兴的精神动力。千百年来，无论面对多少困难挫折，面临多少艰难险阻，中华民族都始终高擎民族精神和时代精神的火炬。中华民族生生不息、薪火相传、奋发进取，靠的就是这样的精神；中华民族抵御外来侵略、赢得民族独立和解放，靠的就是这样的精神；在新的历史时期，抓住机遇，加快发展，由贫穷走向富强，靠的也是这样的精神；实现全面建成小康社会的宏伟目标和中华民族伟大复兴，还是靠这样的精神。只有大力弘扬民族精神和时代精神，才能传承中华民族历经磨难而不倒、饱经风霜而弥坚的精神实质，不断拓展我们民族自强不息、团结奋进的精神内涵，不断增强我们民族的自尊心、自信心和自豪感，使各族人民始终凝聚在爱我中华、振兴中华的旗帜下。

社会主义荣辱观，是社会主义核心价值体系的基础。一个社会是否和谐，一个国家能否实现长治久安，很大程度上取决于全体社会成员的思想道德素质。只有分清荣辱，明辨善恶，一个人才能形成正确的价值判断，一个社会才能形成良好的道德风尚。在我们这样一个有 14 亿人口、56 个民族的发展中大国，实现事业发展、社会和谐的目标和追求，既需要巩固马克思主义在意识形态领域的指导地位，树立正确的理想信念，倡导伟大的民族精神和时代精神，也需要确立起人人皆知、普遍奉行的价值准则和行为规范。以"八荣八耻"为主要内容的社会主义荣辱观，概括精辟，内涵深刻，贯穿社会生活的各个领域，覆盖各个利益群体，涵盖了人生态度、社会风尚的方方面面。它把与社会主义市场经济体制相适应、与社会主义法律规范相协调、与中华民族传统美德相承接的社会主义思想道德观念有机地融合在一起，鲜明地指出了什么是真善美、什么是假恶丑，以何为荣、以何为耻，为人们在社会主义市场经济条件下判断行为得失、做出道德选择、确定价值取向，提供了基本规范。树立社会主义荣辱观，使社会成员都能知荣弃耻、褒荣贬耻、扬荣抑耻，社会主义核心价值体系才能有所依托、有所体现。

古人说："论先后，知为先。"正确的价值体系只有被人民群众普遍接受、理解和掌握并转化为社会群体意识，才能为人们所自觉遵守和奉行。社会主义核心价值体系结构严谨，定位明确，层次清晰，是完整的、系统的，它既坚持了社会主义又有中国特色，既总结了成功经验又有新的提升概括，既反映了现实的迫切需要又能够通过努力实现，可以最大限度地促进和达成全社会共识。

　　建设社会主义核心价值体系，首先要加大研究和宣传力度，营造浓厚的舆论氛围，使其家喻户晓、人人皆知。充分运用大众媒体的独特优势，采取多种形式，大力宣传建设社会主义核心价值体系的重大意义和基本内容，宣传广大干部群众建设社会主义核心价值体系的生动实践和新鲜经验。要把社会主义核心价值体系融入精神文明建设的全过程，贯穿到理论武装、新闻出版、广播影视、文学艺术、社会科学等工作的实践中，以更好更多的精神文化产品，推动社会主义核心价值体系建设。进一步丰富精神文明创建活动的内涵，提高创建水平，使人们时刻受到社会主义核心价值体系的感染和熏陶，真正为广大人民群众所感知、所认同、所接受，内化为人们的价值观念，外化为人们的自觉行动。

　　建设社会主义核心价值体系，领导干部是关键。领导就是领路引导，干部应该先行一步。领导干部的行为及其体现出来的理论素养、理想信念、精神面貌、思想境界、道德情操，对社会主义核心价值体系建设起着重要的示范和导向作用。每个领导干部都要以社会主义核心价值体系为镜子，日日照、时时省，以身作则，率先垂范。要求群众做的，自己首先做到；要求群众不做的，自己坚决不做，用自己的模范行动和人格力量为群众做出榜样。

　　建设社会主义核心价值体系，要坚持从青少年抓起。青少年是祖国的未来、民族的希望。从家庭教育、学校教育到社会教育，从学前教育到高等教育，都要将社会主义核心价值体系融入和渗透其中，使之成为贯穿教育全过程的核心内容。根据青少年的认知水平、行为能力和心理特点，科学规划教育内容，改进教学方式方法，使青少年从小就养成基本的德育素质。把践行社会主义核心价值体系作为师德建设的重要内容，引导广大教师学为人师、行为示范，用自己的模范言行影响和带动学生。

建设社会主义核心价值体系，要重视引领好各种社会思潮。社会思潮是一定时期内对社会生活产生重要影响的思想倾向，在某种意义上是社会气候的"晴雨表"。必须及时了解思想理论领域的各种倾向性问题，认真分析各类社会思潮的本质特征、主要内容、表现形式、现实影响、形成根源，采取有针对性的措施，引导其沿着健康的轨道前进，向着积极的方面发展。同时，要在尊重差异中扩大共识，在包容多样中共铸和谐，努力形成团结和睦、万众一心、共创和谐伟业的生动局面。

第三节　中国文化软实力的建设与实践

从唯物史观的观点来看，文化软实力是相对于物质硬实力而言的。物质硬实力是指一切看得见摸得着、可以量化的，表现为物质性、实体性、可发挥刚性作用的力量，如经济产值、科技水平、军事装备等；文化软实力则是一切看不见摸不着、难以计量，表现为精神、情感、智慧、情操、品格，可以发挥柔性亲和作用的力量，如文化的吸引力、语言的说服力、理想的感召力、精神的鼓舞力、智慧的创造力、道德的教化力、理论的指导力、舆论的引导力、艺术的感染征服力等，都属于文化软实力。

中国文化软实力既有对外功能，又有对内功能。对外，传播中华优秀传统文化、阐明中国立场、树立中国形象、扩大中国朋友圈，让世界更好地了解中国，提高中国的国际话语权，营造良好的国际环境，推动构建人类命运共同体；对内，建设社会主义精神文明，增强中国特色社会主义文化的吸引力、感染力，提高理论的说服力、预见力、指导力，提高新闻舆论的引导力、传播力、影响力、公信力，增强民族凝聚力和向心力。

当今世界正处在大发展、大变革、大调整时期，世界多极化、经济全球化、社会信息化、文化多样化深入发展，各种思想文化交流、交融、交锋更加频繁，进一步凸显了文化软实力在综合国力竞争中的战略地位。文化越来越成为民族凝聚力和创造力的重要源泉、越来越成为综合国力竞争的重要因素、越来越成为经济社会发展的重要支撑，谁占据了文化发展的制高点，谁拥有强大的文化软实力，谁就能够在激烈的国际竞争中赢得主动、占得先机。

对于一个国家、一个民族而言，其领土可能会发生变化，其人口规模会增长或减少，其血统甚至会随着通婚而有所改变，但它会因长期以来形成的文化传统保持相对稳定而得以延续和发展。中华民族近代以来遭受了深重的民族灾难，甚至一度濒临亡国灭种的危险，但每当处在危难关头，伟大的民族精神总能焕发出强大的力量，各族人民在民族精神的感召下，团结一致，自强不息，英勇斗争，使中华民族凤凰涅槃，浴火重生。习近平总书记指出："文明特别是思想文化是一个国家、一个民族的灵魂。无论哪一个国家、哪一个民族，如果不珍惜自己的思想文化，丢掉了思想文化这个灵魂，这个国家、这个民族是立不起来的。"

文化是一个民族的灵魂标记，是一个国家的精神标识。由中央宣传部组织编写的《习近平新时代中国特色社会主义思想学习纲要》对坚定文化自信、提高国家文化软实力进行了深入阐述，鲜明地提出了"建设具有强大感召力和影响力的中华文化软实力"的重大论断。在"两个一百年"奋斗目标的历史交汇点，党的十九届五中全会为中国经济社会发展擘画了"十四五"和未来20年的新蓝图，昭示着我国进入全面建设社会主义现代化国家的新发展阶段。习近平总书记指出："'十四五'时期，我们要把文化建设放在全局工作的突出位置，切实抓紧抓好。"提高国家文化软实力，关系中华民族伟大复兴中国梦的实现，关系全面建设社会主义现代化国家的实现，核心在于坚定中国文化自信，激发民族文化活力，坚持走中国特色社会主义文化发展道路。

文化软实力是一个国家综合国力的重要组成部分，是文化传统的历史沉积，是文明资源的时空汇聚。中国能屹立于世界民族之林，中国特色社会主义能得到认同，在于根植于民族、根植于国家的文化软实力，在于文化软实力的深厚积淀、不断提升与持续影响。

中华优秀传统文化是中国文化软实力最深厚的民族文化资源。优秀文化传统孕育于5000多年的中华文明中，深蕴其中的思想观念、人文精神、道德规范、价值追求，镌刻在中国人的文化血液与思想原乡，成就了中国人的文化品格与精神气质，形成了中华民族的文化根脉与精神支撑，积淀为中华民族的文化自觉与精神标识。民族文化滋养锤炼的国家文化软实力，在中华民族的历史实践中，激励着一代又一代中国人为中华崛起而奋斗，展现了中华民族坚韧顽强、无畏无惧、勇往直前的精神品格与斗争意志。

马克思主义是中国文化软实力最核心的政治文化资源。马克思主义在19世纪末20世纪初传入中国，是中国人民的时代选择，是中国共产党的理论选择。在中国革命、建设、改革开放实践中，中国化马克思主义理论体系的逐步形成、发展与完善，成为党和国家社会发展的指导思想。党的十九届四中全会进一步把坚持马克思主义在意识形态领域的指导地位作为中国特色社会主义文化繁荣发展的根本制度。以马克思主义为政治本色的国家文化软实力，向世界宣示了中国道路、中国制度的政治底色、政治引领与政治自觉。

人类一切优秀文明成果是国家文化软实力最重要的外来文化资源。"文明因多样而交流，因交流而互鉴，因互鉴而发展"，习近平总书记精确地概括了文明发展的内在逻辑。中华民族与中国文化一贯崇尚"海纳百川""亲仁善邻""兼收并蓄""有容乃大"，一部中华文明史也是一部中外文明交流史。吸收各国文明优秀成果的中国文化软实力，"既要让本国文明充满勃勃生机，又要为他国文明发展创造条件，让世界文明百花园群芳竞艳"。

核心价值观是文化软实力的灵魂、文化软实力建设的重点。一个国家的文化软实力，从根本上说，取决于其核心价值观的生命力、凝聚力、感召力。一个国家的崛起不仅是经济的崛起，也是社会制度的崛起，同时还应该是价值观的崛起。在国家由大到强的发展过程中，文化的内涵越来越丰富，核心价值观的力量越来越强大。社会主义核心价值观回答了我们要建设什么样的国家、建设什么样的社会、培育什么样的公民的重大问题。这既是我们的价值追求、价值规定，同时也是我们对世界的价值承诺，是国家形象的国际展示。大力传播社会主义核心价值观，把中国故事讲好，把中国声音传播好，让国际社会对我们独特的历史传统、历史命运、基本国情有深入的理解，对我们的道路、理论、制度特色和优势有全面客观的把握，使我国在政治上更有影响力、经济上更有竞争力、形象上更有亲和力、道义上更有感召力。

站在新征程新历史起点上，立足新时代新发展阶段，提高国家文化软实力，要更加坚持系统观念、更加注重整体布局，体现社会性、公共性、现代性的时代特质。"求木之长者，必固其根本；欲流之远者，必浚其泉源。"国家的真正崛起需要强大的国家文化软实力。当前，世界百年未有之大变局加速演进，文化越来越成为国际竞争的重要影响因素，文化软实力在国家综合国力中的地位和作用越来越重要。这就要求我们下大力气增强文化软实力，为国家建设提供强大动力和根基。

一是坚定走好中国特色社会主义文化发展道路。即以马克思主义为指导，以培育有理想、有道德、有文化、有纪律的公民为目标，发展面向现代化、面向世界、面向未来的社会主义文化。要巩固马克思主义在意识形态领域的指导地位，始终把意识形态工作的领导权、管理权和话语权牢牢地掌握在党的手里，不断提高意识形态工作的引领力和凝聚力。这是做强中国文化软实力的根本。

二是要牢固树立正确的价值观。社会主义核心价值观是建设文化强国、增强国家文化软实力的关键和核心，要让社会主义核心价值观成为广大人民日常生活的价值遵循，并在知行合一、日用不觉的实践中成为价值引领的精神旗帜，内化为中国人民普遍遵循的集体文化心理和精神追求，成为完善民族人格的重要内核，外化为人们的自觉行动。

三是要树立好大国形象。要以讲好中国故事为着力点，以创新手段进行文化的对外传播，在对外文化交流中获得更多更大的主动权和话语权，在世界塑造中国的良好形象，也让世界在与中国的沟通互动中增进对中国历史文化和政治制度的认识和理解，传递出"历史底蕴深厚、各民族多元一体、文化多样和谐的文明大国形象，政治清明、经济发展、文化繁荣、社会稳定、人民团结、山河秀美的东方大国形象，坚持和平发展、促进共同发展、维护国际公平正义、为人类做出贡献的负责任大国形象，对外更加开放、更加具有亲和力，充满希望、充满活力的社会主义大国形象"。

四是要深化好文化体制改革。即坚持以人民为中心，坚持社会效益和经济效益相统一，但始终把社会效益放在首位。要按照政企分开、政事分开的原则，推动政府部门由办文化向管文化转变，党委和政府实行管人、管事、管资产、管导向相统一。要健全基础管理、内容管理、行业管理以及网络违法犯罪防范和打击等工作联动机制，要占领网络文化传播的制高点，形成正面引导和依法管理相结合的网络舆论工作格局。这是为中国文化软实力发展疏通渠道、扩大平台、提高效率、增强正向影响的必要举措。

五是要提升文明建设的社会性。国家文化软实力提高的基础和底气是内生性的，彰显的是民众文明素养和社会文明程度。党的十九届五中全会从社会风尚、社会规范、社会教育、社会服务、社会劳动等维度，系统阐释了社会文明程度提高的具体路径，培养信念坚定、道德高尚、甘愿服务的文明公民，养育学习新思想、讲求真诚信、建设好家风、网络文明化的社会风习。

六是要提升文化服务的公共性。公共性体现的人与人之间的相依性，是人类生存的共在性。提升公共文化服务水平，在新发展阶段，关键是注重全面性，全面繁荣各项文化事业；注重高质量，不断推出文艺精品；注重深融合，打造新型媒体中心；注重群众性，推动服务一体化、文化数字化建设；注重国家性，推进国家级文化工程建设；注重全民性，提升全民身心健康素质。

七是要提升文化产业的现代性。现代性彰显的是社会发展的时代引领性，是科技发展的与时俱进性。国家文化软实力的提升要有体系化的文化硬件建设，坚持社会效益优先的现代发展规则、完善文化体制机制与规划政策；实施文化产业数字化的现代发展战略、发展新型的文化业态与消费方式；构建文化旅游产业体系，融文化教育于休闲生活；创新国际传播、加强文明交流互鉴的力度与广度。

八是要进一步提高社会文明程度。文化是中国特色社会主义事业健康全面发展的重要支撑和有力保障，也是推动时代进步的巨大精神力量。新时代中国特色社会主义事业，需要以文化现代化和人的现代化为保障，充分发挥文化的社会整合功能，巩固全党全国人民团结奋斗的共同思想基础，凝聚团结奋进的强大精神力量，为实现大国崛起和民族复兴提供精神支持。

九是要进一步推动文化领域的数字化建设。5G、大数据、云计算、物联网、区块链、人工智能等新技术的迅猛发展，不仅为文化传播提供了更多的渠道、更大的平台，而且作为一种新的基因注入文化发展的各个层面。未来5年，科技革命与产业革命将更为迅猛，呼唤以数字化为引擎，促进新科技手段在传统文化各行业的应用，提升传统文化行业发展活力，同时培育新型文化业态，推动产业结构转型和动力转化，为文化产业赢得更宽广的发展空间。

十是要进一步发挥文化对经济社会发展的拉动作用。信息技术的快速发展、媒介融合的趋势，使得文化产业不再单纯采用纵向链条式延伸的发展模式，而是呈现出纵向发展与跨行业横向渗透并行的复合型发展趋势。推动文化与制造业、建筑业、设计、信息、旅游、农业、体育、健康等相关产业全方位、深层次、宽领域融合发展，促进文化与关联产业之间的相互协调、相互支持和相互促进，必将以文化繁荣发展带动中国经济社会全面进步。就文旅融合来说，要坚持以文塑旅、以旅彰文的原则，找准文化和旅游融合发展的切入点，推动文化和旅游产业协调共生、相互赋能，实现文化旅游高质量可持续发展。

十一是要创新中华文化海外传播机制。在信息化时代，信息流畅通就是文化活力和生产力的体现。创新中华文化海外传播机制，既要发挥好政府的主导作用，也要发挥好社会力量的独特优势，让社会力量更多、更充分地参与到中国文化的海外传播当中。既要运用好电影、电视、广播、报纸、文学作品等传统传播渠道，又要运用好互联网传播新平台，通过动漫、微电影、手机视频等新兴文化传播手段，开展富有时代特色、现代元素的文化海外推介活动，扩大覆盖面，形成传播声势，达到更广泛、更深入的传播效果。加强对外话语体系建设，研究国外不同受众的习惯和特点，把我们想讲的和国外受众想听的结合起来，学会通过生活和日常叙事，用人民群众的语言和人民群众亲身经历的故事来描述，让中国文化和中国人的梦想，通过鲜活的生活叙事和行动故事显现其理念的光辉和理想的力量，进而引起世界各国人民的共鸣。

第四节　以价值共享讲好"一带一路"故事

"一带一路"是丝绸之路经济带和21世纪海上丝绸之路的简称，源于2013年由习近平总书记提出的建设新丝绸之路经济带和21世纪海上丝绸之路的合作倡议。自此之后，"一带一路"倡议便成为党中央、国务院制定的长远规划。伴随着《推动共建丝绸之路经济带和21世纪海上丝绸之路的愿景与行动》《"一带一路"文化发展行动计划（2016—2020年）》等政策的制定与推行，"一带一路"建设，逐渐从理念转化为行动，从愿景转变为现实，建设成果丰硕。截至2022年4月19日，中国已与149个国家、32个国际组织签署200多份共建"一带一路"合作文件。我国同有关国家和地区的政策沟通不断深入，设施联通不断加强，贸易畅通不断提升，资金融通不断扩大，民心相通不断促进。

依靠中国与有关国家既有的双多边机制，借助既有的、行之有效的区域合作平台，"一带一路"旨在借用古代丝绸之路的历史符号，高举和平发展的旗帜，积极发展与沿线国家的经济合作伙伴关系，共同打造政治互信、经济融合、文化包容的利益共同体、命运共同体和责任共同体。习近平总书记提出的共建"一带一路"倡议，基于丝绸之路薪火相传的"和平合作，开放包容，互学互鉴，互利共赢"的"丝路精神"，向世界展示了全新的合作理念和合作模式，在国际上产生愈来愈广泛的影响，不但沿线国家普遍支持和参与"一带一路"建设，而且更多其他地区的国家包括发达国家和国际组织也在响应"一带一路"倡议，支持"一带一路"建设。

　　"一带一路"是开放性、包容性区域合作倡议，而非排他性、封闭性的中国"小圈子"。当今世界是一个开放的世界，开放带来进步，封闭导致落后。中国认为，只有开放才能发现机遇、抓住用好机遇、主动创造机遇，才能实现国家的奋斗目标。"一带一路"倡议就是要把世界的机遇转变为中国的机遇，把中国的机遇转变为世界的机遇。正是基于这种认知与愿景，"一带一路"以开放为导向，冀望通过加强交通、能源和网络等基础设施的互联互通建设，促进经济要素有序自由流动、资源高效配置和市场深度融合，开展更大范围、更高水平、更深层次的区域合作，打造开放、包容、均衡、普惠的区域经济合作架构，以此来解决经济增长和平衡问题。这意味着"一带一路"是一个多元、开放、包容的合作性倡议。

　　"一带一路"建设是促进人文交流的桥梁。"一带一路"跨越不同区域、不同文化、不同宗教信仰，但它带来的不是文明冲突，而是各文明间的交流互鉴。"一带一路"在推进基础设施建设，加强产能合作与发展战略对接的同时，也将民心相通作为工作重心之一。通过弘扬丝路精神，开展智力丝绸之路、健康丝绸之路等建设，在科学、教育、文化、卫生、民间交往等各领域广泛开展合作，"一带一路"建设民意基础更为坚实，社会根基更加牢固。法国前总理德维尔潘认为，"一带一路"建设非常重要，"它是政治经济文化上的桥梁和纽带，让人民跨越国界更好交流"。因而，"一带一路"建设就是要以文明交流超越文明隔阂、文明互鉴超越文明冲突、文明共存超越文明优越，为相关国家民众加强交流、增进理解搭起了新的桥梁，为不同文化和文明加强对话、交流互鉴织就了新的纽带，推动各国相互理解、相互尊重、相互信任。

在"一带一路"建设中,以和平和发展为主题、以构建人类命运共同体为宗旨讲好价值共享的故事,不仅直接关系中华文化自信的彰显,更凸显了扎根中国文化软实力的新特征。从历史维度来看,以中国发展和世界共同进步讲好"一带一路"建设故事,以价值共享加强中国与沿线国家的文化交流、文化贸易,契合中国的文明崛起,在中国—世界的关系重构中,为人类和平、国际关系的秩序化、民主化注入人类命运共同体理念和中国发展经验,为全球治理提供中国智慧。

在"一带一路"建设中,文化是核心支点,是中国实现文明崛起的特色彰显,成为提供中国方案、增强民族文化自信和中国道路感召力的价值底蕴。有形层面的合作和融通最终要落实于心灵层面的民心相通,而价值共享恰恰是通达民心的桥梁,是建构"一带一路"文化空间的着力点。历史地看,源远流长的中华文明恰恰蕴含着世界共同价值,成为以价值共享讲好"一带一路"建设故事并构建"一带一路"沿线国家文化空间的价值底蕴和参照系,成为区域文化空间建构中的底色和主导文化形态之一。

第五节 总体国家安全观的提出与实践

党的十八大以来,以习近平同志为核心的党中央准确把握国家安全形势新特点新目标新任务,从战略高度主动运筹国家安全工作,深入总结维护国家安全取得的经验,积极推进国家安全理论和实践创新,审时度势提出总体国家安全观这一重大战略思想。可以说,总体国家安全观是中国共产党在新形势下领导国家安全工作实践中提出来的,是全党智慧的结晶,习近平总书记作为中国共产党人的主要代表，是这一重大战略思想的直接创立者。从时间维度上来看，2012 年，党的十八大提出完善国家安全战略和工作机制，高度警惕和坚决防范敌对势力的分裂、渗透、颠覆活动，确保国家安全。在此基础上，中共中央对加强政治、军事、经济、文化、信息等各领域安全工作做出部署。自此，总体国家安全观开始成型，并启动了实践之旅。2013 年 11 月，中共十八届三中全会通过《中共中央关于全面深化改革若干重大问题的决定》，提出设立中央国家安全委员会，完善国家安全体制和国家安全战略，确保国家安全。习近平总书记在关于三中全会决定的说明中对设立中央国家安全委员会的必要性及其职能定位做了说明。2014 年 4 月 15 日，中央国家安全委员会成立并召开第一次会议。习近平在会上发表重要讲话，首次深刻阐明总体国家安全观重大战略思想，明确提出构建国家安全体系，走中国特色国家安全道路。2015 年 7 月 1 日，第十二届全国人民代表大会常务委员会第十五次会议通过的《中华人民共和国国家安全法》，以法律条文的形式明确规定了总体国家安全观在国家安全工作中的指导思想地位。党的十九大将坚持总体国家安全观列为构成新时代坚持和发展中国特色社会主义的 14 条基本方略之一，提出统筹发展和安全，增强忧患意识，做到居安思危，是中国共产党治国理政的一个重大原则。

从空间维度来看，总体国家安全观有内涵和外延两个维度。其内涵包含政治、国土、军事、经济、文化、社会、科技、网络、生态、资源、核、外层空间及国际海底区域和极地、海外利益等多个重点领域的国家安全，其外延包含统筹重视发展与安全之间的关系、外部安全与内部安全之间的关系、国土安全与国民安全之间的关系、传统安全与非传统安全之间的关系、自身安全与共同安全之间的关系。

具体而言，总体国家安全观以人民安全为宗旨，以政治安全为根本，以经济安全为基础，以军事、文化、社会安全为保障，以促进国际安全为依托。以人民安全为宗旨，就是要坚持以人为本、以人民为中心，坚持国家安全一切为了人民、一切依靠人民，确保国家安全具备牢固扎实的群众基础。以政治安全为根本，就是要坚持中国共产党的领导和中国特色社会主义制度不动摇，把捍卫国家政权安全、制度安全放在首要位置，为国家安全提供根本政治保证。以经济安全为基础，就是要维护国家经济秩序，确保经济持续稳定健康发展，不断提升经济实力，为国家安全提供坚实的物质基础。以军事、文化、社会安全为保障，就是要注意这些领域面临的大量新情况、新问题，按照各领域规律办事，建立完善强基固本、化险为夷的各项对策措施，为维护国家安全提供硬实力和软实力保障。以促进国际安全为依托，就是要始终不渝走和平发展的道路，在坚决维护本国安全利益的同时，注重维护共同安全，推动建设持久和平、共同繁荣的和谐世界。维护政治安全的首要任务是维护中国共产党的执政地位和中国特色社会主义制度，重点任务还包括发展社会主义民主政治、健全社会主义法治、强化权力运行制约和监督机制、保障人民当家做主的各项权利等。维护国土安全就是要确保领土完整、国家统一、海洋权益及边疆边境不受侵犯或免受威胁。维护军事安全要有效应对国家面临的各类安全威胁，筹划和推进国防和军队建设，平时营造态势、预防危机，战时遏制战争、打赢战争，对内平叛戡乱捍卫社会安定祥和，对外坚决维护地区与世界和平。维护经济安全，核心是坚持社会主义基本经济制度，不断完善社会主义市场经济体制，坚持发展是硬道理，不断提高国家整体经济实力、竞争力和抵御内外冲击和威胁的能力，重点防控各类重大风险挑战，保护国家根本利益不受损害。维护国家文化安全，要坚持社会主义先进文化前进方向，坚持以人民为中心的工作导向，坚定文化自信，增强文化自觉，加快文化改革发展，加强社会主义精神文明建设，建设社会主义文化强国。维护社会安全主要包括防范、消除、控制直接威胁社会公共秩序和人民群众生命财产安全的治安、刑事、暴力恐怖事件，以及规模较大的群体性事件。维护科技安全要确保科技体系完整有效，国家重点领域核心技术安全可控，自主创新能力不断增强，国家核心利益和安全不受外部科技优势危害，以及保障科技持续安全的能力。维护网络安全要坚持以法治网，注重维护网络主权，切实保护国家关键信息基础设施，建立网络安全审查制度，加强全社会网络安全意识教育，强化网络空间国际合作。维护生态安全必须坚持绿色发展，着力改善生态环境，为人民提供更多优质产品，推动形成绿色发展方式和生活方式，建立健全保障生态安全的制度体系，切实解决突出生态环境问题，维护国家生态系统稳定。维护资源安全的核心是保证各种重要资源充足、稳定、可持续供应，在此基础上追求以合理价格获取资源，以集约节约、环境友好的方式利用资源，保证资源供给的协调可持续。维护核安全要采取措施防范核攻击、核事故和核犯罪行为，坚持核不扩散立场，确保核设施和核材料的安全，防止和应对核材料的偷窃、蓄意破坏、未经授权的获取、非法贩运等违法行为，防范恐怖分子获取核材料、破坏核设施等。维护外层空间及国际海底区域和极地等新型领域安全，要积极进取、建设性介入，主动谋取规则话语权和道义制高点，提升行动能力，有效防范和慑止其他国家利用新型领域危害中国国家安全和利益的行为。维护海外利益安全要创新方式方法，通过海上护航、撤离海外公民、应急救援等方式维护海外能源资源安全、海上战略通道以及海外公民、法人安全。

总体国家安全观既重视发展问题，又重视安全问题，强调发展和安全是一体之两面，只以其中一项为目标，两个目标均不可能实现；既重视外部安全，又重视内部安全，强调外部安全与内部安全彼此联系，相互影响；既重视国土安全，又重视国民安全，强调国土安全与国民安全相互依存，有机统一；既重视传统安全，又重视非传统安全，强调传统安全威胁与非传统安全威胁相互交织、相互影响，并在一定条件下可能相互转化；既重视自身安全，又重视共同安全，强调全球化和相互依赖条件下必须在世界安全格局中统筹本国与别国安全。

那么，在全球数字化传播视域下，当代中国主流价值观的传播也包含在总体国家安全观的实践之中。其中，文化安全和网络安全是最主要的两个层面。

习近平总书记指出："今天，人类交往的世界性比过去任何时候都更深入、更广泛，各国相互联系和彼此依存比过去任何时候都更频繁、更紧密。一体化的世界就在那儿，谁拒绝这个世界，这个世界也会拒绝他。"今天的世界是一个开放的世界，不同国家、民族的文化在不断的碰撞、交融、互鉴中实现交流与融合。在此背景下，一个国家和民族如果缺乏安全屏障的文化开放，就很有可能丧失文化发展自主性，甚至沦为异质文化的附庸。因此，文化安全关乎国家稳定、民族团结、精神传承，是国家总体安全观的重要组成部分，也是主流价值观传播体系的重要内容之一。

伴随着中华文化走出去步伐加快，中国文化对外开放水平进一步提高，我们需要把握当前经济全球化复杂变化的新趋势，正确处理好文化开放与文化安全的辩证关系，在文化开放中维护国家文化安全。

16 世纪以来，世界历史发展方向主要是在西方国家主导下进行的，殖民地的扩张加速了西方资本主义文化的传播，这种强势文化不断销蚀着其他文化的民族自主性，也在消弭着人类文化生态的多样性。伴随着英语成为世界性语言，基督教节日在世界范围内广为流行，以纽约、伦敦为模板的现代城市文化景观在全球蔓延，许多地方性文化消失或成为被观赏的"文化标本"。这不仅在现实中构建起一个西方化的世界景观，也在人们的头脑中植入了西方价值体系，从而深刻影响着人类文化的发展进程。如果说早期西方文化霸权具有某种"自发性"的话，那么后冷战时代西方的文化输出却越来越表现出"主动性"的特征。从亨廷顿的"文明冲突论"，到西方推动的各种"颜色革命"，我们可以管窥到西方文化霸权的顶层设计和霸权逻辑，以及文化和意识形态领域失控的灾难性后果。这样的历史和现实警示我们：文化越开放，越要提高文化安全意识，筑牢文化发展的安全屏障。

在现代化进程中警惕和防范西方价值观霸权，防止西方文化价值观的殖民化，就必须增强我们的文化意识和文化安全理念。我们在中国近代惨痛的历史教训中懂得了封闭导致落后、落后就要挨打的道理，也在血淋淋的他国教训中看到放弃文化安全屏障的严重后果。因此，在实现中华民族伟大复兴的历史进程中，必须把学习借鉴人类优秀文明成果和加强国家意识形态建设结合起来，以高度的文化自觉筑牢文化安全的底线，不断夯实国家发展的文化根基和价值观基石。

不同文化之间的竞争，实质上是话语权的争夺。近代以来西方文化之所以能够成为强势文化，与其背后一整套知识体系建构是分不开的。我们今天维护文化安全，抵御西方文化霸权，就是要站在人类文化的制高点上谋划文化发展，回应人类面临的重大问题，为推动人类社会发展提供具有解释力的知识体系，不断提升自身文化的核心竞争力。作为拥有 5000 多年历史的文明古国，中国有责任为人类文明做出知识贡献，这是中华民族作为世界历史民族的重要标志。在信息革命推动下，人类文明形态正发生剧变，已有知识体系发生"哥白尼式的革命"，由启蒙话语构建的知识体系在应对诸多新问题时频现失灵，而中国特色社会主义实践及其经验，则培育出人类新知识得以产生的丰厚土壤。与西方国家进行文化创造旨在实现文化霸权有所不同，中国坚持以文明交流超越文明隔阂、文明互鉴超越文明冲突、文明共存超越文明优越，倡导在竞争比较中取长补短，在交流互鉴中共同发展，我们建构的知识体系，着眼人类共同未来，以知识创新回应时代难题。只有这样的文化创造，才能在摆脱"跟着说"的困境之后，为国家文化安全提供科学支撑。

再说说网络安全。习近平总书记曾强调："没有网络安全就没有国家安全，就没有经济社会稳定运行，广大人民群众利益也难以得到保障。"这样高瞻远瞩的话语，为推动我国网络安全体系的建立，树立正确的网络安全观指明了方向。党的十八大以来，在中央网络安全和信息化委员会的领导下，我国不断完善网络安全工作顶层设计，有效治理网络空间乱象，为保卫人民群众信息安全筑牢防线，取得了一系列瞩目成就。

一是网络安全"四梁八柱"基本确立。近年来，法治思维贯穿于网信事业发展的始终，依法管网、依法办网、依法上网成为政府、企业和社会各界的共识。以《网络安全法》为核心的网络安全法律法规和政策标准体系基本形成，网络安全"四梁八柱"基本确立。从时间维度来看，2014 年，中央网络安全和信息化领导小组（2018 年 3 月更名为中央网络安全和信息化委员会）成立，集中统一领导全国互联网工作，中央网信办统筹协调，各地网信机构逐渐建立，网络安全管理工作格局逐步成熟。2016 年 12 月，《国家网络空间安全战略》发布，确立了网络安全的战略目标、战略原则、战略任务。2017 年 6 月 1 日起，《网络安全法》正式施行，是我国网络安全领域首部基础性、框架性、综合性法律。《国家网络安全事件应急预案》发布实施，网络安全应急响应和处置能力得到有效提升。《网络安全审查办法》发布实施，有效防范化解供应链网络安全风险。制定《云计算服务安全评估办法》，提高党政机关、关键信息基础设施运营者采购使用云计算服务的安全可控水平。对网络安全国家标准进行统一技术归口，统一组织申报、送审和报批，国家网络安全标准体系日益健全。截至目前，已发布个人信息安全规范等国家标准 263 项，正在研究制定 79 项，39 项国家标准和技术提案被国际标准化组织吸纳等。应该说，关于网络安全的"房子"已经基本成型，正发挥着举足轻重的作用。

二是网络安全人才的培育和网络安全产业的做强已经初见成效。从时间维度上来看，2017 年底，工信部和北京市签署共同打造国家网络安全产业园区的协议，拉开网络安全产业创新发展序幕。2019 年底，工信部复函湖南省工信厅，支持湖南建设国家网络安全产业园区，成为继北京之后全国第二个获批国家网络安全产业园区的省市，目前网络安全产业规模突破100亿元，形成了涵盖基础硬件、应用系统、商业密码、信息安全服务、工业互联网安全等多领域的产业链条。中国网络安全产业联盟统计数据显示：2019年我国网络安全产业规模已达480亿元，同比增长21.52%。可以说，我国网络安全产业已进入高速增长的全面发展时期。在网络安全人才的培养方面，我国也在积极探索人才培养新思路、新机制，推动加快网络安全学科建设和人才培养。2016年6月，中央网信办、教育部等部门联合印发《关于加强网络安全学科建设和人才培养的意见》，推动开展网络安全学科专业和院系建设，创新网络安全人才培养机制。2017年，中央网信办、教育部实施一流网络安全学院建设示范项目，西安电子科技大学、东南大学、北京航空航天大学等11所高校入选。示范项目高校在相关部门和地方的支持下，出台特殊政策，加强院企合作，扩大招生规模，深入推进网络空间安全学院建设，网络安全人才培养取得明显进展。位于湖北省武汉市东西湖区的国家网络安全基地规划面积40平方公里，国内网络安全企业50强中已有大约2/3落户该地，联合武汉大学、华中科技大学等发展一批重点项目，网络安全人才、技术、产业融合发展的生态环境正逐步确立。这些举措的实施，在实践层面探索出了不少新路子，为网络安全人才的培育提供了平台和无限可能。

总的来说，总体国家安全观的提出，尤其是在文化安全和网络安全层面取得的成绩，是一个脚踏实地、稳扎稳打的实践过程。

第五章　当代中国主流价值观面临的传播环境

随着社会主义市场经济体制的不断完善和社会开放水平的提高，多种社会经济成分、组织方式、就业方式、利益关系开始在我国社会中出现，使得公众的社会思想空前活跃，独立性、选择性、多变性、差异性等特征明显的价值诉求呈现多发态势。与此同时，随着社会结构变化形成的多元化社会力量开始参与国家治理，对社会主流价值观形成了一定的冲击和挑战，一些非主流的价值观，如享乐主义、奢靡之风、拜金主义、极端个人主义、历史虚无主义等思潮开始在中国社会滋生和蔓延，进而导致一些人陷入价值观层面的困惑和迷失。近些年来，我们可以从宝马女、小悦悦事件、我爸是李刚、郭美美炫富、老人摔倒扶不扶等社会怪现象中，管窥到社会道德失范和理想信念缺失的社会问题，也能意识到理想失落、规范失效、集体审丑、艺术媚俗、物欲横流、价值迷途、精神痞气等颠覆和搅乱了社会主流价值观的传播与建构。

第一节　信息侵略：没有硝烟的星球大战

邵培仁教授在其著作中认为，信息侵略的实质是作为政治斗争的手段，它所涉及的不是导弹，不是商品，而是通过跨国传播所进行的"思想的征服""意识的竞争""文化的渗透"和"语言的剥夺"，对此如果不予抗争，就会像新加坡资政李光耀所说的那样："我们可能演变成不伦不类的西方社会，那将是我们的一场巨大灾难。"[①]可以这样理解，信息侵略是一个国家或民族试图利用自己在传媒和信息上的优势，将自己的核心价值观推广到其他国家或民族的传播体系和精神领域，最终达到嫁接和取代的目的。当代社会，信息侵略必须借助强大的传播网络、先进的传播科技、庞大的采编队伍、雄厚的经济实力和强劲的信息优势。

如果从成因来看，信息侵略可以理解为由信息不对等导致的极端表现。20世纪40年代，意大利共产党创始人葛兰西在《狱中札记》中提出了文化霸权的观点。葛兰西用文化霸权来描述社会各个阶级之间的支配关系，这种支配关系并不局限于直接的政治控制，而是试图成为更为普遍性的支配，包括特定的观看世界、人类特性及关系的方式。由此，领导权不仅表达统治阶级的利益，而且渗入了大众的意识之中，被从属阶级或大众接受为"正常现实"或"常识"。20世纪60年代，以法兰克福学派为代表的激进主义者对西方的后现代文化进行了全面批判。他们认为，以消费主义为特征的、借助于高技术手段进行大批量生产的文化工业，尤其是通过大众媒介广为传播的西方文化，其实就是意识形态控制的新形式。在他们看来，经济霸权是产生信息侵略的根源。苏联解体之后，谋求国际强势地位的主要方式已经从军事与政治上的对抗转向经济与文化领域的全面竞争。随着知识经济的蓬勃发展，以信息产业为主导的文化产业，尤其是电

①邵培仁.传播学 [M].北京：高等教育出版社，2007:120.

子文化产业，在意识形态斗争中的作用更为突出。西方发达国家凭借其经济实力，通过对外文化交流及援助项目，或者利用信息产业上的优势向发展中国家大量输出自己的技术产品，迫使这些国家认同并接受他们的价值观念，在信息上挤压其他国家，实现其信息侵略的目的。20世纪90年代以来，以信息高速公路为代表的网络技术迅猛发展，信息技术成为信息侵略最便捷的实施手段。作为互联网诞生地的美国，早在19世纪中后期就确立了自己的信息优势。它一方面利用信息优势，大力发展信息产业，为其经济发展创造新的增长点；另一方面通过网络媒介向全球推行美国主流价值观，企图在现实中侵略其他国家的信息主权，使其他国家成为美国的附庸。

应该说，网络普及给信息获取带来巨大便利的同时，也带来了信息侵略的新形态和新方式：一个是网络信息和资源的垄断。据统计，目前，全世界范围内的网络运营商、网络信息提供商、网络标准的制订与域名管理等网络资源，主要由北美、西欧、日本等信息基础设施比较发达的国家和地区控制，这些国家在网络信息的生产量、使用量以及信息密度、资源等方面都拥有绝对优势。另一个是价值观的入侵。美国等西方国家除了利用信息优势对发展中国家进行文化浸染外，还通过网络有意识地向发展中国家展开文化攻击。这种文化攻击一方面使得发展中国家原本就处于萌芽或者初创时期的网络文化阵地遭到破坏，另一方面使得发展中国家原有的自力更生的价值观遭遇以可口可乐、好莱坞电影为代表的西方消费文化和价值观的威胁，瓦解着原有的文化肌底。

近10多年来，中国在应对信息侵略层面没有一味地被动挨打，而是努力在自主发力。其中，一个层面就是在互联网核心技术的突破上下功夫。习近平总书记在多个场合强调，"互联网核心技术是我们最大的'命门'，核心技术受制于人是我们最大的隐患"，"核心技术是国之重器，最关键最核心的技术要立足自主创新、自立自强"。加快核心技术突破，是抢占信息时代发展主动权、竞争主导权的关键所在，中国着力推动互联网核心技术发展从跟跑—并跑—领跑的转变。近年来，我国软件和集成电路技术快速发展，国产操作系统应用深入推进，大数据、云计算、人工智能、区块链等研究取得积极进展，量子通信、量子计算等领域实现原创性突破，世界超级计算机 500 强中上榜总数多年蝉联第一，光存储、基础软件、核心元器件等关键共性技术取得重要成果，部分领域形成全球竞争优势。建立自主产业生态体系，持续打通创新链、产品链、价值链，强化上下游衔接互动，技术创新与实际应用形成正向循环。

另一个层面是大力发展数字经济和完善基础设施。截至 2022 年 1 月，中国推进 5G、IPv6、数据中心、卫星互联网、物联网等建设发展，已建成全球规模最大的 4G、5G 和光纤宽带网络；IPv6 地址数量跃居全球第一，活跃用户数量达 6.35 亿，北斗导航系统已在 20 多个国家开通高精度服务，总用户数量超过 20 亿。数字经济规模连续多年位居全球第二，其中电子商务交易额、移动支付交易规模位居全球第一，一批网信企业跻身世界 500 强行列。推动实施"互联网＋"行动计划、国家大数据战略，促进数字技术和实体经济深度融合。推进"互联网＋政务服务"，全国一体化政务服务平台实名用户超 9 亿，"一网通办""最多跑一次"广泛实践。推进网络扶贫和数字乡村建设，实施全民数字素养与技能提升行动，让亿万人民共享互联网发展成果。2012 年 12 月—2021 年 12 月，我国网民数量由 5.64 亿人增长到 10.32 亿人，互联网普及率从 42.1% 提升到 73%，形成了全球最大、生机勃勃的数字社会。

这些成果的取得，让我们可以改变中国在世界信息格局中的弱势地位，将信息的主动权牢牢地掌握在自己的手中。只有这样，我们才能抵御外来价值观的侵蚀，才能牢牢地守住中国主流价值观的阵地。

第二节　全球数字化传播带来的风暴

21 世纪新一轮全球化最显著的特征就是以文化为驱动力的数字传播。伴随着全球文化产业的兴盛、国际分工体系的重新布局、大型跨国传媒集团的更迭、数字经济的再发力、互联网传播平台的壮大与成熟，文化传播的全球化必将引来价值观的全球性流动。值得注意的是，这里的价值观流动有一个不争的事实摆在面前，那就是以美国大众文化为代表的强势文化及价值观早已成为世界的主导文化及价值观，并在潜移默化中无情碾压着弱势国家和地区的地方文化与民族文化。

以文化产品和服务的进出口为例，我们可以很好地来理解这个问题。在全世界范围内的文化交流一直存在逆差现象。这种逆差不仅表现在文化贸易整体数额的悬殊上，而且表现在价值观念的落差上。强势文化往往处于垄断和支配的地位，文化交流双方的产品选择、流通和消费的各个环节都会受到不均衡的权力影响。例如，美国凭借其强势的科技实力和坚挺的国家地位，声称为全球平等地、自由地供给文化消费品，但是这背后是以挤压或者牺牲世界多数文化的生存空间为代价。好莱坞电影及美剧等大众文化的巨量输入，不仅改变着大众的生活方式和价值观，也使得输入国原有的文化及价值观面临土崩瓦解的困境。

在全球数字化传播的视域下，文化交流的逆差现象出现了新形式和新情况。当大众对外来文化产品的获取更加便捷的时候，其价值观的变化程度将是不可控的，并将在长时间内影响或者改变大众的生活方式，甚至是人生轨迹。以我国为例，自从加入世贸组织之后，中国的文化市场进一步开放，美、日、韩和欧盟等国家和地区的文化产品开始大量涌入中国市场，一时间"崇美""哈韩""媚日"等成为文化消费的时尚。一部好莱坞电影《英雄联盟》就让大众对这些超级英雄产生喜爱，并疯狂购买其周边手办产品来满足粉丝心理。一部韩剧《宫》就让韩国明星收获大量的中国粉丝，甚至引来了追星界的"韩国潮"。反而是中国本土的电影和电视剧受到了大众，尤其是年轻群体的漠视，鲜有人问津。

大众文化产品和消费的全球化带来的不仅仅是可观的市场效益，还附带传播了其承载的价值观，这对大众尤其是青少年群体的价值观塑形产生了深刻的影响。青少年群体将是未来大众的主体部分，在时下大众文化消费的裹挟之下，多种价值观的侵入，必然使其产生思想的混乱和价值观的无序，尤其是一些另类价值观的侵入，很有可能影响青少年正确价值观的塑造，造成"野蛮生长"环境下的"无魂人""无根人"。

中国社会科学院文化研究中心江畅教授曾经在 2013 年做过一个问卷调查，该调查数据显示："我国公众对我国主流价值文化的基本期待是它应该既是国家倡导的又是社会流行，既具有包容力又具有开放性，既应当以中国传统文化又应当以马克思主义为主导，既越来越有中国特色又越来越国际化的进一步繁荣的价值文化。没有体现大众的价值追求和缺乏现实关怀，是我国主流价值文化存在的主要问题，也是其影响力不强、认同度不高的主要原因。"[1] 分析造成这种现状的原因，江畅教授发现，对文化传统的忽视、市场化的消极影响、学校对主流价值文化教育重视不够、传媒的消极影响是我国主流价值文化得不到广泛认同的主要原因。这也从一个侧面反映出，近年来我国在主流文化价值观的建构与传播层面取得的成效不明显，中国主流价值观面临严峻挑战。

第三节　多元文化价值观的互动与交流

网络上有一个很流行的段子："文化可以用四句话来表达：植根于内心的修养，无须提醒的自觉，以约束为前提的自由，为别人着想的善良。"这种对文化的心灵呼唤式表述引发了不少网友的共鸣。在共鸣的背后，其实是很多人存在文化无根、心灵漂泊的隐忧。当下是知识爆炸、信息资讯发达的网络时代，又是文化、审美、艺术泛化的创意时代，但是大众为什么会感到难以诗意地栖息呢？这其实与全球化环境下，多元文化价值观的相互激荡带来的影响不无关系。

以中国文化产业的发展为例。近年来，我国的宫廷剧在韩国收获了不少的观众，其他民族文化也因为"一带一路"、孔子学院等政策的施行在

---

[1] 江畅. 公众对我国主流价值文化的期待及其启示 [J]. 华中科技大学学报，2013(05)：102.

亚非拉不少国家得到了传播，但是我国依然存在文化逆差的现象，中国文化产品在国际市场上依然存在竞争力不强、影响力不大的问题。制约文化产业竞争力提升的深层次原因主要就是价值观诉求的模糊、内容创意不足和技术创新应用不够。这其中，主流价值观诉求的感召力和亲和力不足，缺乏全球性的文化视野和对文化的深刻理解，从而导致社会主流价值观产品与流行文化产品的脱节。文化产业的结构升级不到位和技术革新的不彻底，也导致文化产品出现外在华丽、内容空洞的乱象。这样的文化产品不仅无法走进大众的心灵抚慰众生，而且还可能让其他的价值观趁虚而入，对原有的民族文化和本土主流价值观形成干扰和冲击。

在多元文化价值观的交融之下，有人用文化的征服来形容强势国家或地区对其他相对弱势国家或地区的政治性文化侵略。文化的征服，是一种比军事和经济侵略更深层次的政治性占领。西方文化价值观的持续性、无控制地大量输入，让第三世界人民的视觉标准正在与"世界"接轨。这个看似自由、平等与开放的"世界"，实际上是笼罩在西方文化价值观念之下的"小洞天"。长此以往，西方文化价值观会在潜移默化中侵蚀和摧毁本土文化，动摇和破坏社会的根基，甚至是引发"颜色革命"，带来亡国灭种的严重后果。苏联解体的原因是复杂的，但有一点可以肯定，那就是来自美国和西方的跨国宣传起到了巨大的作用。一些分析人士认为，在东欧剧变的过程中，西方媒介绝不仅仅是起到了"推波助澜"的作用，它们煽动、怂恿式的宣传方式甚至是这场剧变的直接动因。正如尼克松在其文中所言："输出文化，吸引对象国青年乐意听摇滚乐，跳摇摆舞，穿上饰有星条旗的圆领紧身汗衫和美国牛仔裤，那么，这种'精神上的毒害'，就会使他们不喜欢《国际歌》，逐渐脱离社会主义的'束缚'而获得'自由'。"①

北京大学戴锦华教授曾经在第三届全国青年文艺论坛闭幕式上的总结发言中指出，在今天这样一个全球化、后工业化的社会，我们空前地个体、空前地自由、空前地"宅"，我们似乎可以无须"他者"便将个体成就为充分的主体，但与此同时，我们已经被彻底规训和整合，不是无处可逃，而是全无逃意。这是一种无可回避也无法回避的变化，却在现实中往往被有意或无意地遮蔽。可以说，这种精神困顿加上西方强势文化的侵蚀，构成当下不少中国人的精神状态。原本高远的文化理想被置换为短视的拜物教，把眼前的现实利益作为长远的追求目标，使自己沦为物化的动物，只注重有形思维和硬件建设，即使在价值观的建构与传播中也常常陷入这样的思维误区。戴锦华教授的隐忧其实不无道理。中国经济崛起的经验容易让我们滋生有形思维和硬件至上的观念，价值观的力量却是具有水的特性，它以柔克刚，在自由、自觉、志愿中赢得大众的认可。

任何一种文化价值观的本质都不是对抗和博弈，而是价值共享与多元形态共存。借助信息技术支撑的新一轮全球化引来了两个双向性运动：一个是均质化的大众文化全球性互动的增强，一个是区域性的基于本土经验的民族文化自觉。

全球化作为当前不可逆转的一种历史进程，正深刻改变着社会进步的方式和人类文明的发展方向。多元文化及价值观之间的交流、渗透和互动，构成了全球文化交流的网络，网络的流行使得这种互动更加频繁。全

①[美]尼克松.1999：不战而胜[M].杨鲁军译.上海：三联书店，1989:10.

球化进程加深了各种文化及价值观之间的互动关系，也创造和强化了文化及价值观的差异性，增强了民族文化、地方文化的认同感。反对文化霸权，注重保护文化的多样性和健全文化生态，越来越成为许多发展中国家的共识。

从美国构建其文化霸权的全球路径中，我们可以看到，美国的跨国传媒公司始终在借助其传播优势，将以消费主义为代表的大众文化输入对象国的日常生活中。这种文化战略不断碾压对象国的历史和文化，并以商业娱乐的方式弱化、矮化，甚至奴化对象国的人民，使之成为没有精神家园的"流浪人群"，甚至是成为美国文化的附庸。这一过程甚至受到对象国部分大众传媒和大众文化的迎合，某种程度上形成相互借势的情况，文化及价值观不可避免地出现杂交性的特征。

外来文化产品的大量涌入，其裹挟的强势外来文化对民族国家固有的文化体系产生了极大的冲击和侵蚀：一方面可能会导致文化主权的旁落。强势的外来文化冲击、腐蚀和摧毁了原本自足的民族文化生长发展体系，威胁民族国家的意识形态主导地位，破坏了文化生态和民族文化的价值根基。另一方面是可能导致由文化产业体系冲击引发的经济恐慌。在美国文化的碾压下，连法国、加拿大、英国、以色列等发达国家都感受到了自身文化市场有被吞噬的危险。

网络信息数字化技术的发展加强了各民族文化的差异表现能力，从而扩大了多元文化及价值观的生存空间。正如王晓德所言："如果说存在一种全球文化的话，这种文化不应该是一种文化模式复制的同质文化，而是由多元文化构成的统一体。体现一致性的文化整合不是消灭差异，而是保留或展现差异，在文化各展风采中求得一致。"① 多元化的挑战使原先的传统陷于崩解，大众在信念、价值观和生活方式上有了更多的选择性。西方国家，尤其是美国，虽然凭借全球化平台呈现出某种全球同步化的色彩，但是也激发了不同地域文化的创新意识，强化了文化的交互性和混杂性。

　　不同民族、国家伴随着全球化进程的深入，努力在世界舞台上展现自己在文化及价值观层面发生的变化，并与其他文化及价值观相互碰撞、融合，进而生成新的文化范式、价值观关系。这种新的文化范式、价值观关系可能会更加契合时代的需求，实现价值观的效能最大化。

① 王晓德. 美国大众文化的全球扩张及实质 [J]. 世界经济与政治. 2004(04):103.

第六章　顶层设计先行：文化制度的再发力

当代中国主流价值观要想优化传播策略，需要在多个层面进行发力，这是一个需要合作的、长期的实践过程。在顶层设计上的发力必须是排在第一位的，而这个顶层设计的核心必然是文化管理制度的创新与实践。

从历史维度来看，我国的文化管理制作大致可以分为三个时期：第一个时期是社会主义革命和建设时期（1949—1977）。在这个时期，我国的文化管理制度随着社会主义制度的建立也得以初步成形。1956年，毛泽东在中央政治局扩大会议上指出，"艺术问题上的'百花齐放'，学术问题上的'百家争鸣'，应该成为我国发展科学、繁荣文学艺术的方针"，确立了我们党的文化工作方针。之后，从中央到地方，由党委领导的宣传系统和政府领导的文化行政系统构成的文化管理体系基本形成。一系列文化管理制度、工作规则、政策法规陆续出台，重要文化机构国有化改造全面推进，一大批新型国有文艺院团建立，新型艺术管理体制逐步确立，涌现出音乐舞蹈史诗《东方红》、话剧《茶馆》、京剧《穆桂英挂帅》、芭蕾舞剧《红色娘子军》、油画《开国大典》等精品力作。各地建起一大批影剧院、图书馆、文化馆（站）等文化设施。

第二个时期是改革开放和社会主义现代化建设新时期（1978—2012）。在这个时期，社会主义文化管理制度迎来快速发展。党中央确立文艺为人民服务、为社会主义服务的"二为"方向和百花齐放、百家争鸣的"双百"方针，提出"大力发展社会主义文化，建设社会主义精神文明""弘扬主旋律，提倡多样化"等新要求。党的十七届六中全会专题研究文化建设，做出推动社会主义文化大发展、大繁荣的战略部署。这一时期，文艺发展环境日益向好，创作活力得到激发，一系列重大工程项目、节庆评奖活动深入开展，音乐舞蹈史诗《复兴之路》等一大批优秀作品竞相推出。公共文化服务体系逐步完善，设施网络基本建立，服务质量和水平显著提高。文化产业从无到有，不断壮大，成为国民经济发展的重要增长点。对外文化交流广泛深入，国家文化软实力和中华文化影响力逐步提升。

第三个时期是中国特色社会主义新时代（2013年以后）。在这个时期，社会主义文化管理制度开始迈进社会主义文化强国战略发展的新阶段。党的十八大以来，以习近平同志为核心的党中央高度重视文化建设。习近平总书记鲜明地提出坚定文化自信的重要论断，将文化自信纳入中国特色社会主义"四个自信"、将文化建设纳入"五位一体"总体布局统筹推进，阐明文化建设"四个重要"的地位作用，特别是在继承"二为"方向、"双百"方针基础上，提出创造性转化、创新性发展"两创"原则，首次提出"坚持把马克思主义基本原理同中国具体实际相结合、同中华优秀传统文化相结合"，进一步丰富和发展了党的文化文艺工作方针。党的十九届五中全会提出到2035年建成文化强国的宏伟目标。近10年来，我国的艺术创作生产持续繁荣，主题性创作演出影响广泛，《伟大征程》《奋斗吧 中华儿女》

《我们的四十年》等重大文艺演出唱响主旋律，弘扬正能量。我国的现代公共文化服务体系日趋完善。《公共文化服务保障法》《公共图书馆法》《博物馆条例》等法律法规相继出台，国家基本公共服务标准出台，人民基本文化权益保障更加有力。覆盖城乡的六级公共文化服务网络逐步健全，公共图书馆、文化馆（站）、美术馆和博物馆免费开放有序推进。文化产业政策法规体系日益完善，文化产业促进法立法取得积极进展，推进文化创意和设计服务与相关产业融合发展等一系列扶持政策出台，多元化、多层次、多渠道的文化产业投融资体系逐步建立，以公有制为主体、多种所有制共同发展的文化产业格局逐步形成。文化产业园区健康有序发展，企业数量不断增长，供给能力迅速提升。文化产业与数字技术、互联网技术加速融合，数字文化产业迅速发展。文化市场业态不断丰富、形态日趋多元、渠道日益广泛，以娱乐、演出、艺术品等传统市场和网络游戏、网络表演、动漫等新兴市场为主体的文化市场体系更加繁荣有序。文化产业总量规模显著提升，成为经济增长新动能。官方和民间并举，交流和贸易并重，全方位、多层次、宽领域的对外文化和旅游交流合作工作格局逐步完善。配合元首外交和"一带一路"国际合作高峰论坛、亚洲文明对话大会等主场外交的一系列重大文化活动成功举办，有力服务了外交大局。覆盖全球的政府间文化和旅游合作网络初步形成。文化和旅游年（节）和"欢乐春节""美丽中国"等品牌活动影响广泛。海外中国文化中心、旅游办事处数量持续增长，平台作用逐步彰显。对外文化贸易体系逐步建立，核心文化产品和服务出口快速增长。对港澳台文化和旅游工作围绕祖国和平统一大业深耕厚植，"艺海流金""情系"等活动品牌深入开展，面向青少年、面向基层的活动深受欢迎，凝心聚力、增进认同作用明显。

100 多年来，党领导一代又一代文艺工作者投身文化建设实践，走出一条不平凡的文化发展道路。这条道路在今天全球化的环境中，我们需要在总结经验和互鉴交流的基础上，迈出更加坚实和有力的步伐。

从本章节开始一直到本书的最后一个章节，笔者将会在探索如何实现当代中国主流价值观传播与建构突破困境、寻求出路的内容中，穿插进笔者在 2021 年 12 月—2022 年 3 月进行的深度访谈和实地调研成果。在四个月的时间里，累计对 86 名受访者进行了本次调研，他们的身份包括大学教授、副处级以上的文化管理部门行政官员、资深媒体记者、文化评论家。为了保护个人隐私，在本书中，笔者将以代号 S1—S86 为这 86 位受访者编号，将他们的建设性意见和建议收录到本书中。

第一节　当代中国文化管理制度的现状分析

当代中国文化管理制度呈现出了多维度、多层面、多内核的特点，这些细化的管理制度从空间维度上构建了当代中国文化管理的"金字塔"。

"金字塔"的第一层是文化艺术发展繁荣制度体系。该体系旨在探索建立健全把社会效益放在首位、社会效益和经济效益相统一的文艺创作生产体制机制，进一步制定完善一系列促进文艺发展、激发文艺人才活力的法律法规和规章制度，创新文艺管理体制机制，为实现中华民族伟大复兴中国梦提供强大的价值引导力、文化凝聚力和精神推动力。目前，主要体现在两个层面的制度建设上：一个层面是建立文艺精品创作制度。习近平总书记指出："文艺是时代前进的号角，最能代表一个时代的风貌，最能引领一个时代的风气。"文艺精品以其审美意蕴和价值功能，展现人类文明，高扬人性价值，陶冶性情，启迪思想。受访者 S13 认为："坚持百花齐放、百家争鸣的方针，支持文艺作品表现形式的多样性以及创作主体的多元化，提倡不同流派、不同观点、不同题材体裁、不同风格形式切磋互鉴，充分发展。建立文艺精品保护机制，努力破除唯市场化乱象，鼓励文艺创作坚守审美理想，保持独立价值，使高品位的美学意蕴和审美个性得以张扬。健全管理服务机制，为文艺工作者力戒浮躁、保持定力、扎根生活、坚守艺术的理想提供条件和保障。实施精品计划，建立对文艺创新的宏观指导制度，引导文艺创作坚持正确的历史观、民族观、人民观，使文艺精品在提升群众价值追求和审美情趣方面发挥作用。要着力完善文艺创作联动培育机制和扶持激励制度，设立专项资金服务文艺创作生产，扶持名家大师和文化英才，着力掀起文艺精品创作的新高潮。文艺精品创作制度，既是涵养文化自信、筑牢精神家园的基石，又为意识形态领域制度建设提供坚实的基础。"受访者 S25 认为："当今社会呈现出一种价值消弭、感官放纵的市场商业化、庸俗化、娱乐化的'泛娱乐化'现象，而文化产业已经成为各国争夺国际话语权、传播价值观的有力资源，因此更需要以文艺精品强大的辐射力、感召力传承民族精神，书写伟大时代，鼓舞人民斗志，凝聚中国力量。"另一个层面是建立中华文化传承制度。中华优秀传统文化是中华民族宝贵的精神遗产，建立中华文化传承制度，对中华民族精神命脉进行传承弘扬，凝聚全体中国人心灵契合的力量，是新时代实现中华民族伟大复兴中国梦的必经之路。受访者 S29 认为："建立完善的古文献发掘阐释制度，全面推进古诗（文）今译工作，加强编纂古代典籍工作，并努力建设共享开放的大型资源数据库，以更前沿的视角突破研究模式，拓展文本解读方式，深入探寻古代文献的文化基因，阐释其当代价值，着力构建符合时代发展和人民关切的思想体系、学术体系和话语体系；建立国学教育制度，致力于国学学科化建设，为中华优秀传统文化传承提供结构性支撑；建立文化遗产保护制度，将现代化城镇乡村建设同古文化遗产保护工作有机结合，将对历史遗迹、历史建筑街区、传统村落、文物的保护和合理利用有机结合；建立民族传统节日管理制度和传统工艺振兴制度，丰富中国传统节日的文化内涵，促进传统医学、音乐、体育、绘画、工艺设计、语言、服饰活化利用，彰显中华传统礼仪文化的时代价值，对内增加人民对国家民族的认知认同，对外树立良好的礼仪之邦、文明古国形象。"

"金字塔"的第二层是建立和完善哲学社会科学繁荣制度体系。该体系旨在将马克思主义作为我国哲学社会科学领域的指导思想，加快构建中国特色、中国风格、中国气派的哲学社会科学，繁荣中国学术，发展中国理论，传播中国思想。2004 年中共中央印发的《关于进一步繁荣发展哲学社会科学的意见》，明确提出实施马克思主义理论研究和建设工程。进入新时代要进一步深入推进马克思主义理论研究和建设工程，需要紧紧围绕时代发展主题，在制度设计、措施制定等方面协同推进，加强战略性、前瞻性问题研究，解读阐释中国发展道路和发展奇迹，增强国际学术领域的话语优势，坚定道路自信、理论自信、制度自信、文化自信，为推进新时代中国特色社会主义事业营造良好的思想文化氛围。该体系最重要的制度建设内容就是建立和完善中国特色新型智库建设制度。党的十九大报告提出"加强中国特色新型智库建设"，这是在牢牢掌握意识形态工作领导权的前提下部署新型智库建设的重要举措。受访者 S31 认为："完善中国特色新型智库建设制度，要注重智库在实现决策咨询功能时全力聚焦中国问题，在学术视野上充分体现中国格局、学术导向上着力发挥思想引领作用、政治方向上坚决体现中国立场。构建激励导向制度，使智库研究在研以致用方面体现应用对策性、长期战略性和综合预判性。要从基础理论研究转向实践应用研究，从短期预测转向前瞻谋划，从单一研究转向综合研判。要构建价值引导和联合联结机制，使智库建设实现特色化和差异化发展，既要体现不同的主攻方向实现特色发展，又要注重打造联合协同、综合多元资政的智库集群，着力培育交叉集成优势。"

"金字塔"的第三层是建立和完善意识形态制度体系。该体系旨在突出意识形态在国家权力中的重要性，在文化发展的引导上体现出国家意志。党的十九届四中全会审议通过的《中共中央关于坚持和完善中国特色社会主义制度、推进国家治理体系和治理能力现代化若干重大问题的决定》，明确提出了坚持马克思主义在意识形态领域指导地位的根本制度，并做出了健全用党的创新理论武装全党、教育人民工作体系，完善党委（党组）理论学习中心组等一系列涉及意识形态领域制度体系建设的重大部署，为意识形态工作指明了前进方向和工作路径。受访者 S41 认为："该制度体系的建立是意识形态领域制度建设发展完善、解决当前意识形态领域存在问题的必然选择，对进一步巩固马克思主义在意识形态领域的指导地位具有积极意义。构建意识形态领域制度体系是一项系统工程，需要充分发挥国家和社会各领域、各层面制度的作用，形成科学规范的管理保障机制，增强意识形态各领域坚持以马克思主义为指导的自觉性。其中，重要内容之一就是意识形态工作责任落实制度的建立。该制度包括阵地建设和管理以及社会管理评价、社会诚信、文化权益保障等为切实维护国家政治安全、文化安全、意识形态安全提供保障的相关制度。其中，意识形态工作责任落实制度中的网络综合治理，是国家对网络安全及相关事务借助多元化治理主体、运用多样化治理手段进行整治管理的策略和行为，是我国网络强国战略和网络安全战略的重要内容；建立科学完善的社会管理评价制度是消除制约社会和谐发展的体制机制障碍，为加快治理主体转变职能提供方向和标尺；社会诚信制度建设是完善社会主义市场经济体制的重要基础，是净化意识形态领域生态的重要举措；完善文化权益保障制度的出发点是'人民'，通过文化权益保障制度建设，提高人民在文化建设方面的获得感和幸福感，提升人民的思想境界，从而进一步巩固马克思主义在意识形态领域的指导地位。"受访者 S43 认为："当然，我们也清楚，在意识形态制度体系的建设中我们仍然存在着不足。例如，从关于意识形态工作的制度体系建设的整体情况来看，较为零散，系统性、整合力不足；在制度落实层面，缺乏刚性的执行监督和保障制度体系。从制度体系内部来看，现有的各方面制度呈现出内容不够完善、举措不够具体、要求和规范不明确、激励和监督力度不够等具体问题。因此，意识形态制度体系还需要进一步建设和完善。"

"金字塔"的第四层是新闻舆论宣传引导制度体系。该体系旨在构建以内宣外宣协同联动、重大舆情和突发事件舆论引导、舆论监督、网络综合治理等为主要内容的制度体系。提高舆论宣传对社会思潮的引导力，真正发挥释疑解惑、振奋精神、凝聚共识的作用，实事求是、旗帜鲜明地对各种错误观点敢于亮剑、激浊扬清，充分体现了新闻舆论宣传的组织动员、思想整合和政治认同等重要功能。特别是在舆论生态、信息技术和受众心理发生深刻变化的新时期，信息媒体领域发生一系列新变革，深刻把握新闻舆论宣传工作规律，坚持和落实党管媒体原则，在创新完善坚持正确导向的舆论引导工作机制中提高舆论引导水平，积极构建内宣外宣协同联动、重大舆情和突发事件舆论引导、舆论监督、网络综合治理等制度，确保新闻舆论工作始终坚持正确导向，不断巩固全体人民团结奋斗的共同思想基础。该体系有两个主要层面的制度建构：一个层面是构建正确的舆论导向制度，就是掌握舆论导向的科学性规律，以马克思主义新闻观为指导加强舆论导向的制度化建设。受访者 S48 认为："建立舆论导向工作责任制和领导机制，明确责任主体，牢牢把握舆论导向工作的领导权、主导权，划清责权边界和责任范围；建立舆论引导问责制度，强化责任追究，以强制力强化舆论引导的力度和精度；建立舆情预警报告制度，科学制定舆情信息价值标准，制定突发舆情工作预案，加强舆情监测和反馈；要建立舆情研判处置制度，完善决策程序和处置办法，精准把握处置社会舆论，掌握舆论引导主动权。"另一个层面就是构建融媒体传播发展制度。建立一体化共享融通制度，有效整合传统媒体和新兴媒体的各种资源要素，打通报纸、网络、终端、微媒介、显示屏各种资源，在管理体系和组织结构等方面进行一体化设计，实现信息技术、媒介平台、人才队伍等各类要素的有机融合。受访者 S51 认为："建立专业化数据库建设制度，充分运用大数据、云计算等新技术，掌握海量数据资源，提升数据收集、处理、整合能力；

建立社会化传播渠道拓宽制度，充分创新发展和运用各类社交应用技术与信息平台的有机整合和有效对接，持续推进新技术、新应用对媒体融合的发展力度；建立资金支持政策，着力培育一批品牌主流媒体，积极构建优势互补、一体化发展的现代传播体系新格局。"

"金字塔"的第五层是文化建设制度体系。该体系旨在坚持以社会主义核心价值观为引领，构建系统完备、科学规范、运行有效的文化建设制度。党的十九届四中全会审议通过的《中共中央关于坚持和完善中国特色社会主义制度、推进国家治理体系和治理能力现代化若干重大问题的决定》，着眼更好地保障和推动社会主义先进文化繁荣发展，不断巩固全体人民团结奋斗的共同思想基础，创造性地提出"坚持以社会主义核心价值观引领文化建设制度"，并做出战略部署，提出一系列重大举措。这充分体现了以习近平同志为核心的党中央坚定的文化自信和价值观自信，标志着我们党对社会主义文化建设规律的认识达到了一个新的高度。社会主义核心价值观是当代中国精神的集中体现，凝结着全体中国人民共同的价值追求。社会主义核心价值观引领文化建设制度，其建设内容包含以下几个重要层面：

一是理想信念教育制度的建立与推行。受访者 S42 认为："回顾我们党团结带领人民一路走来的奋斗历程，之所以能够战胜一个个艰难险阻，创造一个个人间奇迹，迎来中华民族从站起来、富起来到强起来的伟大飞跃，靠的就是共同理想信念的凝聚和鼓舞。历史和现实表明，坚持共同的理想信念，任何时候都是我们的显著优势所在，都是我们前进的根本动力所在。理想信念是共产党人的精神之'钙'，没有理想信念，理想信念不坚定，精神上就会'缺钙'，就会得'软骨病'。通过推动理想信念教育常态化、制度化，补足精神之'钙'，才能不惧挑战和困难，保持奋发有为的精神状态。"受访者 S57 认为："历史是最好的教科书。加强党史、新中国史、改革开放史教育，有利于广大党员干部进一步深刻认识我们党先进的政治属性、崇高的政治理想、高尚的政治追求、纯洁的政治品质，增强'四个意识'、坚定'四个自信'、做到'两个维护'。坚持把实现中华民族伟大复兴中国梦作为鲜明主题，坚持爱党爱国爱社会主义相统一，加强爱国主义、集体主义、社会主义教育，引导人们树立和坚持正确的历史观、民族观、国家观、文化观，进一步增强文化建设制度的思想内涵。"

二是提升社会道德水准的制度建设。大力实施公民道德建设工程，推进社会公德、职业道德、家庭美德、个人品德建设，引导人们正确辨别是与非、善与恶、美与丑、荣与辱、公与私、义与利，增强道德判断力和道德责任感，自觉讲道德、尊道德、守道德。积极推进新时代文明实践中心建设，坚持在服务群众中宣传群众、引导群众，立足群众思想实际和生产生活实际开展活动、提供服务，更加注重精准化、实效性，更好地把满足群众需求同提高群众素养结合起来，促进全社会文明程度不断提升。

三是中华优秀传统文化传承发展工程建设。民族文化是一个民族区别于其他民族的独特标识，也是一个国家核心价值观孕育形成的深厚土壤。受访者 S49 认为："源远流长、博大精深的中华优秀传统文化，积淀着中华民族最深层的精神追求，包含着中华民族最根本的精神基因，为中华民族生生不息、发展壮大提供了强大精神支撑。在 5000 多年文明发展中孕育的中华优秀传统文化，积淀着中华民族最深沉的精神追求，代表着中华民族独特的精神标识，是中华民族生生不息、发展壮大的丰厚滋养，是中国特色社会主义植根的文化沃土，对延续和发展中华文明、促进人类文明进步，发挥着重要作用。社会主义核心价值观的源泉，来自中华优秀传统文化；社会主义核心价值观的根脉，深植于中华优秀传统文化。培育和弘扬社会主义核心价值观，必须坚守我们既有的传统、固有的根本，在此基础上深耕厚培、延伸发展。只有这样，才能更好地延续我们的精神命脉，保持我们的精神独立性，才能使社会主义核心价值观在全社会牢固而持久地确立起来，成为感召和凝聚全体中华儿女的强大精神纽带。从这个意义上说，中华优秀传统文化传承发展工程，就是为国家立心、为民族立魂的工程。"受访者 S53 认为："推进中华优秀传统文化传承发展工程，贵在继承，重在创新。不忘本来才能更好地面向未来。要本着客观、科学、礼敬的态度，进一步把中华传统文化这个宝库梳理好、开掘好，有鉴别地加以对待，有扬弃地予以继承，取其精华，去其糟粕，真正把优秀传统文化的精神标识提炼出来、展示出来，把优秀传统文化中具有当代价值、世界意义的文化精髓提炼出来、展示出来，守住中华文化本根，传承中华文化基因。要在梳理、甄别、萃取的基础上，充分运用学校教育、媒体传播、文艺创作、礼仪推广、民间传承等途径，广泛宣传普及中华优秀传统文化，大力弘扬中华传统美德，让中华文化在一代代接续传承中不断发扬光大。守正创新才能历久弥新。要坚持创造性转化、创新性发展，对中华优秀传统文化蕴含的思想观念、人文精神、道德规范，结合时代条件和实践要求加以补充、拓展、完善，赋予其新的时代内涵和现代表达形式，增强中华文化生命力和影响力，充分展现中华文化的独特魅力和时代风采，充分展示中华民族的文化精神和文化胸怀。要深入阐发中华优秀传统文化讲仁爱、重民本、守诚信、崇正义、尚和合、求大同的时代价值，使之与当代文化相适应，与现代社会相协调，更好地涵育中国人的精神世界，让中华文明的影响力、凝聚力、感召力充分展现，为文化建设制度提供深厚精神滋养。"

四是弘扬社会主义核心价值观法律政策体系的建立。任何一种价值观在全社会的牢固确立，都是一个思想教育与社会孕育相互促进的过程，都是一个内化与外化相辅相成的过程。弘扬社会主义核心价值观，教育引导是基础，但仅靠教育引导是不够的，还要有制度规范、政策保障，否则社会主义核心价值观就不容易落地生根，现实中的一些道德失范和价值扭曲现象也不能得到有效约束和遏制。受访者 S61 认为："党的十八大以来，我们党在治国理政中坚持德法相济、协同发力，重视发挥法律政策在核心价值观建设中的促进作用，专门制定了推动核心价值观融入法治建设的指导性文件和立法修法规划，推动出台一系列有利于培育和践行核心价值观的法律法规、规章制度和公共政策，在实践中取得了很好的效果。事实表明，以法律政策承载价值理念和道德要求，核心价值观建设才有可靠支撑。要坚持依法治国和以德治国相结合，完善弘扬社会主义核心价值观的法律政策体系，把社会主义核心价值观要求融入法治建设和社会治理，体现到国民教育、精神文明创建、文化产品创作生产全过程，增强全社会对核心价值观的认同归属感和自觉践行力。"受访者 S54 认为："完善弘扬社会主义核心价值观的法律政策体系，首先要强化法律法规的价值导向，推动核心价值观入法入规。要坚持把社会主义核心价值观全面融入中国特色社会主义法治体系之中，贯穿到法治国家、法治政府、法治社会建设全过程，贯穿到科学立法、严格执法、公正司法、全民守法各环节，使社会主义法治成为良法善治。要把核心价值观的要求转化为具有刚性约束力的法律规定，坚持法律的规范性和引领性相结合，积极推进立改废释，特别是要聚焦道德约束不足、法律规范缺失的重点领域，把实践中广泛认同、较为成熟、操作性强的道德要求及时上升为法律规范，更好地用法治的力量引领正确的价值判断，树立正义的道德天平。各行各业的规章制度和行为准则，是推动核心价值观渗透到社会生活方方面面的重要保障。要不断完善市民公约、乡规民约、学生守则、行业规章、团体章程等，使规范社会治理的过程成为弘扬核心价值观的过程。公共政策与群众生产生活和现实利益密切相关，其中蕴含的价值取向对人们的影响更切实、更直接、更广泛。要坚持政策目标和价值目标相统一，把核心价值观的要求体现到经济、政治、文化、社会、生态文明建设等各方面政策的制定和实施之中，建立健全政策评估和纠偏机制，推动形成有效传导社会主流价值的政策体系，实现公共政策和核心价值观建设良性互动。"

五是诚信建设长效机制的建立。诚信是衡量一个社会文明程度的重要标尺，也是反映一个国家精神面貌的显著标志。我们党始终重视诚信、倡导诚信、弘扬诚信，明确把诚信作为社会主义核心价值观的重要内容，积极推动诚信成为全社会共同遵守的价值准则。受访者 S62 认为："党的十八大以来，党中央把诚信建设摆在重要位置，做出一系列决策部署，采取一系列重大举措，着力解决诚信方面的突出问题，推动诚信建设取得明显进展和成效，讲诚信、重诚信、守诚信的社会氛围日益浓厚，但也应当看到，目前总体上社会诚信意识和信用水平有待提高，与人民群众对美好生活的期待还不相符合，与社会主义市场经济发展需要还不相适应，特别是见利忘义、商业欺诈、制假售假等败德违法行为时有发生，诚信缺失仍然是社会普遍关注的一个突出问题。要坚持把诚信建设作为培育和践行社会主义核心价值观的重要着力点，完善诚信建设长效机制，深入推进政务诚信、商务诚信、社会诚信、司法公信建设，努力在全社会形成诚实守信、重信守诺的良好风尚。"受访者 S68 认为："完善诚信建设长效机制，基础在于健全覆盖全社会的征信体系。要推动各个领域建立信用信息记录，在此基础上进一步健全信用信息管理制度，促进各地区各部门信用信息互联互通、共建共享。要完善多部门、跨地区、跨行业的守信联合激励和失信联合惩戒联动机制，畅通守信'绿色通道'，加强失信惩戒，让守信者处处受益、失信者处处受限，使褒扬守信、惩戒失信成为一种社会共识和自觉行动。应当看到，推进诚信建设，形成不敢失信、不能失信、不愿失信的社会环境，既要靠他律，也要靠自律。要大力弘扬中华民族重信守诺的传统美德，广泛宣传普及与市场经济和现代治理相适应的诚信理念、规则意识、契约精神，积极培育诚信文化，使诚实守信成为人们的内在追求和行为习惯。要深入开展形式多样的主题实践活动，制定诚信公约，加强行业自律，推动全社会的诚信意识和信用水平不断提高。"

六是志愿服务体系的建立。志愿服务是社会文明进步的重要标志，是培育和践行社会主义核心价值观的有效载体。志愿服务既体现了人们对高尚道德情操和精神境界的美好向往，又顺应了人们实现自我价值和人生意义的内在追求，最能吸引人民群众积极参与、广泛参与，在培育时代新人、弘扬时代新风中的作用和影响越来越突出。受访者 S67 认为："近年来，我国志愿服务事业取得长足进步，体制机制逐步健全，组织队伍不断壮大，各种志愿服务活动在城乡基层蓬勃开展，全社会志愿服务意识日益增强。坚持走中国特色志愿服务之路，大力弘扬奉献、友爱、互助、进步的志愿精神，不断健全志愿服务体系，更好地引导人们为他人送温暖、为社会做贡献，使我为人人、人人为我在全社会蔚然成风。"受访者 S62 认为："健全志愿服务体系，关键是创新工作体制机制，有效调动各种资源和力量，推动志愿服务制度化、社会化、专业化。要大力扶持志愿服务组织发展，建立健全孵化培育机制，完善和落实志愿服务组织承接公共服务、参加公益创投、获取政府补贴和社会捐赠等方面的政策措施，推动公共资源更多地向基层志愿服务组织开放。要精心培育志愿服务队伍，完善志愿者招募注册机制，开展高水平、精准化的教育培训，分领域、分层次培养骨干队伍和专业力量。志愿服务项目和阵地，是开展志愿服务活动的基本依托。要围绕服务国家战略、服务百姓生活，设计一批高质量、专业化的志愿服务项目，打造一批示范性强、影响力大的品牌。要扩大志愿服务站点的覆盖面，以城乡社区、公共场所、窗口单位为重点，推动志愿服务进医院、进车站、进商场、进景区，推进社区、高校志愿服务中心建设，加快实现博物馆、图书馆、科技馆志愿服务阵地的全覆盖。要加强志愿服务保障机制建设，完善志愿服务记录制度，制定实施志愿者嘉许和回馈办法，健全志愿服务星级认定制度，重视发挥典型示范作用，推动形成有利于志愿服务事业持续健康发展的良好环境。"

"金字塔"的第六层是综合性文化制度体系。该体系包含的制度种类庞杂，但都会在文化管理的各个微小层面发挥作用，可以说是当代文化管理制度体系中的"万精油"。具体来说，大致包含以下几部分内容：

一是社会诚信建设工作制度。以国务院印发的《社会信用体系建设规划纲要（2014—2020年）》等为依据，建立完善德法并举、自律监督并施、预防惩治并重、激励约束并行的全社会诚信建设制度体系，形成多领域、多部门齐抓共管的诚信建设工作格局。受访者S56认为："着力形成社会征信体系，完善信用信息采集标准体系，以及诚信信息采集、评价、建档记录等制度，建立全国联通的诚信记录信息数据库，实现信用信息共享；弘扬中华优秀传统的义利观，将诚信教育纳入全民教育体系，作为企业、组织和个人升学入职、晋职晋级、职业资格准入必学必修必考内容；完善诚信评价制度，将其诚信表现作为诚信主体考核评估的重要内容，对严重失信行为坚决实行一票否决；建立健全法律法规，依法对失信行为进行严惩，保障诚实守信公民的权益；建立诚信建设工作督查通报制度，促进社会各方力量合力开展诚信建设。"

二是信用文化建设制度。信用是文化市场高质量发展的前提和基础，加快构建以信用为基础的新型监管机制是文化市场高质量发展迫切需要解决的问题。习近平总书记指出，对突出的诚信缺失问题，既要抓紧建立覆盖全社会的征信系统，又要完善守法诚信褒奖机制和违法失信惩戒机制，使人不敢失信、不能失信。受访者S59认为："文化和旅游部出台的《文化和旅游市场信用管理规定》，为文化市场突出的诚信缺失问题的解决提供了这样一套不敢失信、不能失信的制度安排，是推动文化市场高质量发展的信用制度保障。为了确保文化市场主体合法经营，该规定主要从违法行为入手，在原有文化市场黑名单管理制度的基础上，依法依规建立并完善了文化市场严重失信主体的认定与管理制度，明确了严重失信主体的认定标准、认定程序、管理措施和权利救济。抵制败德经营。文化市场与人们的精神世界、社会风尚、青少年的健康成长、文化的健康发展息息相关，因此文化市场主体不仅要合法经营，更要肩负起特殊的社会责任，即文化市场主体的文化使命。该规定依法依规建立了文化市场轻微失信主体的认定和管理制度，明确了轻微失信主体的认定标准、认定程序、管理措施和权利救济。激励守信经营。规范性的管理措施，需要激励性的促进措施相配套才能更好地发挥效力。违法失信的惩戒性信用制度，也需要守法诚信的褒奖性信用制度相配合。对违法失信主体的惩戒本身不是目的，真正的目的应该是促进守法诚信。该规定基于构建以信用为基础的新型监管机制、推动文化市场高质量发展的立法宗旨，规定了守法经营的激励措施、权利保障，以及有利于自我纠错、主动自新的信用修复制度。"

三是文化权益保障工作制度。完善文化基础设施建设制度，确保国家和地方政府在资金、政策各方面加大投入，使公共文化基础设施建设和各类文化传播系统尽可能地满足人民需求；建立资源均衡配置制度，实现资源均衡配置，保障城市低收入人群和贫困地区人民的基本文化权益；完善激励机制，吸引更多的组织、个人和社会团体参与公共文化服务体系建设，鼓励创设更多高层次、高质量的文化阵地和活动载体，提高人民群众参与文化活动的积极性；完善公共文化服务管理制度，建立健全公共文化服务考核评价制度，以提高效能为导向，提升人民群众的满意度。

四是著作权保护制度。受访者 S38 认为："没有著作权保护，就没有作品创作和传播的良好环境。著作权保护制度的目的之一就是通过对作品创作者的保护，确保其获得应有收益，激励其不断创作，进而引导社会投入创作，不断丰富作品，最终实现文化繁荣。如果不经许可，也不支付费用就能随意使用他人作品，享用'免费的午餐'，结果必然会导致创作者创作动力不足，作品的传播和使用也将成为无源之水，无本之木，最终亦会对社会公众获得作品、欣赏作品的利益造成损害。"没有著作权保护的不断强化，就没有普遍尊重著作权的常态。我国著作权保护在立法、司法和执法上不断强化的历程，也是社会公众不断提高著作权意识的过程。受访者 S48 认为："过去，盗版书籍、软件、VCD、DVD 遍布大街小巷，盗版小说、音乐、电影充斥网络空间，随着我国著作权立法的完善、执法和司法的强化，打击著作权侵权成效显著，尊重著作权的意识渐入人心，音乐、影视作品的付费模式基本为大众所接受，KTV 付费、软件正版化、经营场所背景音乐付费等已成常态，随之而形成的是音乐、影视、动漫、网络小说等版权产业的逐步繁荣。截至目前，我国以法律强保护为基础、社会各方参与共治的著作权保护生态已基本形成，著作权保护为文化产业的发展起到了保驾护航的作用。"受访者 S50 认为："我国音乐产业也经历了从盗版泛滥到逐步规范的过程。毫无疑问，著作权保护是音乐产业发展的基础和保障。对于音乐作品而言，除了网络传播以外，其最主要的使用方式就是表演，表演权是音乐作品著作权人的基础性权利。按照著作权法的规定，无论是现场公开演唱或演奏音乐作品（现场表演），还是借助技术设备公开传播音乐作品的表演（机械表演），均应取得著作权人的表演权许可并支付许可费。"受访者 S57 认为："著作权集体管理是一种降低作品许可交易成本、提高作品使用和传播效率的制度安排，既保障著作权人实现自己的权利，又方便作品使用者快速一揽子获得许可。尽管我国著作权集体管理组织还存在一些不足，但集体管理组织在维护著作权人利益、规范作品的合法使用方面仍发挥着重要作用。当然，随着作品形态的创新和传播技术的发展，著作权保护也面临着新的挑战。"受访者 S64 认为："网络游戏、短视频、网络直播、3D 打印、人工智能等新业态的出现和新技术的运用，不但为作品的创作、使用和传播拓展了更大的空间，也为作品的界定、侵权的认定、平台责任的确定和合理使用的认定等著作权法律问题带来一定的挑战，但是技术发展并未改变著作权法律制度的基本理论和基本原则，更未改变著作权法律制度激励创作、促进传播、繁荣文化的目标。不过，技术发展会影响著作权法律的适用。因此，著作权保护立法应与时俱进不断完善，主动适应技术的发展；著作权司法也应通过解析技术内涵、解读基本原理、解释法律规则，应对技术发展带来的新问题。著作权保护不应成为技术发展的障碍和空白，技术发展也不应成为著作权侵权的借口和推手。"新修订的著作权法已于 2021 年 6 月 1 日实施，修订后的著作权法不但主动适应了新业态、新技术的发展，规范了著作权的客体和权利内容，而且提高了侵权赔偿的法定赔偿上限，增加了惩罚性赔偿，充分体现了我国著作权保护不断适应技术和文化发展的需要，彰显了我国强化知识产权保护的坚定立场。毫无疑问，强化著作权保护，形成尊重著作权、尊重原创的文化氛围，将更进一步激励作品的创作和传播，更大程度上促进文化繁荣。

五是立德树人的教育制度。坚持家庭、学校、社会和政府协同推进，一体化合作共育。受访者 S69 认为："进一步完善科学化、专业化的家庭教育政策，大力倡导'耕以立性命，读以立高德'的优秀家庭教育观念，树立良好家风；坚持因事而化、因时而进、因势而新，积极构建大中小学一体化、德智体美劳全面培养的教育体系，构建多学科、多领域、跨界别协同研究体系，将立德树人贯穿基础教育、职业教育、高等教育各领域；政府部门要在立法、政策制定、规划设计、资源保障等方面建立制度，建立贯通性、逐层递进、衔接有序、协同联动的标准体系，分层次制定目标任务、教育标准、评价体系、培养策略、措施方法；要通过制度激励和约束媒体、企业和民间组织，使其自觉形成正确的价值导向，促进文化认同，形成主体协同运行的全社会育人整体格局。"

六是公民道德建设工程制度。2019年《新时代公民道德建设实施纲要》的颁布，体现了党和国家对时代发展和社会环境提出的公民道德建设新要求的回应。受访者 S39 认为："完善公民道德建设工程制度要以此为依据，充分保障公民合法权利，实现政府、社会组织等多元主体合作发力。通过制度建设，激发公民参与公共生活的热情，使公民做到自我理性审视，形成国家认同的理性认知；以历史文化熏染、典型示范引领等多种方式强化公民的情感体验，引导公民自觉践履道德；按照不同道德范式创设差异化、特色化和个性化的践履模式，营造崇善尚德的社会氛围。"

七是社会志愿服务建设制度。社会导向、政府保障对弘扬志愿服务精神发挥着重要作用。要规范完善资金保障制度，以保障志愿组织的运作和专业化发展。完善相关法律责任制度，明晰志愿服务组织和个人的法律责任，切实保障志愿服务组织和个人的合法权益。受访者 S35 认为："完善志愿服务文化培育制度，着力在全社会广泛培育志愿服务文化，并将其纳入学校教育内容。积极探索志愿服务活动义务化的相关制度，包括志愿活动记录制度、国民志愿役制度等，将其纳入升学考核和资格选拔制度。努力制定多种形式的激励政策促进志愿服务的发展，使志愿服务精神成为集体主义精神的时代表达，充分发挥其在协调各种社会关系、化解各类社会矛盾、构建社会主义和谐社会中的积极作用。"

八是对内对外宣传管理工作制度。加强传播能力建设，针对不同国家和地区的具体实际，根据政治制度、价值观念、思维习惯、文化传统等因素差异，制定分众化传播策略，主动抢占舆论先机。受访者S32认为："建立资源整合机制，进一步转化优化纵向管理和行政区层级管理模式，深入开掘各领域宣传媒介主体作用，构建政府主导、媒体负责、公众参与的多层次、全方位、立体化的宣传工作格局；加强宣传工作的法律法规制度建设，将宣传工作的目标任务、工作原则、机构建设、资源配置等纳入法制化轨道，以制度建设强化对宣传工作的政策支持和宏观监管，提高各级政府和相关部门的重视程度，加大对宣传工作的资金投入、物资支持和人才扶持，为宣传工作提供重要保障，促进宣传工作良性发展。"

九是网络综合治理工作制度。建立制度性协作机制，构建在党的领导下，以政府为主导统筹全局，跨部门、跨行业、跨领域多元治理主体参与的综合性协同治理机制；通过完善法律法规体系，明确治理主体的权责边界与各方的权利义务，实行目标管理责任制，实现网络综合治理体系法规化。受访者S27认为："以制度强化治理手段的多样性，综合采用思想文化引领、法律和行政强制、技术管控、经济制裁等多元复合方式对网络行为进行调控和监管，将法律行政强制和柔性管理、弘扬正能量和打击违法犯罪行为、集中整治和常态管理有机结合，净化网络信息传播环境，管制网络空间的良性秩序，维护国家治理的常规化和长效性，形成良性循环的治理态势。"

十是社会管理评价工作制度。建立全方位、多层次、多角度、系统性的社会管理评价制度，对管理理念、方式和效能等进行综合评价，兼顾经济发展与社会发展、效益与质量、管理与服务、显绩与潜能、成本与收益、投入与产出的综合发展，全面客观地评价社会管理成效。受访者 S25 认为："社会管理评价制度的建设要坚持以人民为中心的评价原则，把能否满足人民群众的利益和需求作为出发点和落脚点；在评价方式上积极探索内部评价、外部评价和第三方评价三种方式相结合的评价模式；探索分级分类精细化评价制度，结合不同评价主体的职责内容、工作方式、实际效果等进行精细化评价；积极探索激励约束机制，建立督查问责制度，注重过程监督和结果运用，通过社会评价发挥激励导向作用。"

十一是法治文化建设制度。社会主义法治文化是中国特色社会主义文化的重要组成部分，是社会主义法治国家建设的重要支撑。社会主义核心价值观是中国特色社会主义法治的灵魂，是决定法治文化性质和发展方向的最深层因素。中共中央办公厅、国务院办公厅印发的《关于加强社会主义法治文化建设的意见》提出："把社会主义核心价值观融入社会主义法治文化建设全过程各方面，实现法治和德治相辅相成、相得益彰。"贯彻落实好这一要求，必须把社会主义核心价值观融入法治国家、法治政府、法治社会建设全过程,融入科学立法、严格执法、公正司法、全民守法各环节，探索创新融入法治文化建设的实现途径。受访者 S54 认为："把社会主义核心价值观融入法治文化建设具有重要意义。核心价值观作为一个社会评判是非曲直的价值标准，内在地包含着行为准则性的要求，对人们行为的选择具有指引和评价作用。国家根据社会系统正常运转、社会秩序有效维护的需要，把核心价值观的内在要求转化为法律规范，并要求人们通过执法、司法和守法活动予以践行。人们在立法、执法、司法以及守法各环节中，围绕核心价值观如何弘扬、践行和维护等问题所表现出来的各种行动策略，是一种法治文化现象。把社会主义核心价值观融入法治文化建设，对于厚植法治文化的思想根基，推动社会主义核心价值观更加深入人心具有重要意义。"受访者 S67 认为："探索社会主义核心价值观融入法治文化建设的具体形式：一是转化。法律法规具有鲜明的价值导向。转化就是立法机关利用法律法规的价值导向功能，通过法定程序把核心价值观的要求体现到宪法法律、法规规章和公共政策之中，转化为具有刚性约束力的法律规定。二是践行。转化的目的是在实践中付诸行动。践行是对包括公权力机关、公职人员在内的所有组织和个人提出来的要求。国家机关和公职人员要自觉地在执法司法过程以及守法用法过程中践行社会主义核心价值观的要求，以实际行动带动全社会崇德向善、尊法守法。三是维护。面对违法行为，有关机关要加大执法力度，坚持严格执法，弘扬真善美，打击假恶丑，让违法者受到惩治、付出代价；坚持公正司法，发挥司法断案惩恶扬善的功能，使被破坏的法律秩序得以恢复，使社会主义核心价值观得到维护。发挥道德教化的重要作用。法安天下，德润人心。法治和德治如车之两轮、鸟之两翼，不可偏废。坚持依法治国和以德治国相结合，是坚持走中国特色社会主义法治道路的内在要求。道德教化在将社会主义核心价值观融入法治文化方面具有不可或缺的作用。"在加强法治文化国际传播和国际交流层面，受访者 S39 认为："社会主义核心价值观既植根于中华文明丰厚土壤，也汲取了全人类共同文明成果，与和平、发展、公平、正义、民主、自由的全人类共同价值内在相通，这就使得我国体现社会主义核心价值观的法治文化具有跨越时空、超越国度的价值。当今世界充满挑战，面对各种全球性问题，我国作为负责任大国提出了构建人类命运共同体的全球治理方案。构建人类命运共同体蕴含人类共同价值和共同责任，尊重世界文明多样性，需要人类文明包容互鉴，这就要求我们在推动构建人类命运共同体的过程中，加强中国特色社会主义法治文化的对外传播和交流。要拓展对外传播平台和载体，探索对外传播的有效方式，善于讲述中国法治故事，展示我国法治国家的形象，不断提升社会主义法治文化影响力。"

第二节　在互鉴交流中提升管理水平

随着中国特色社会主义进入新时代，中国日益走近世界舞台的中央，在国际秩序中的角色也由以往的被动接受者逐步转变为积极的参与者、建设者和引领者。新时代要有新作为，新作为需要新形象。在新时代，塑造好、展现好、传播好中国形象，是推动我国发展不可或缺的重要组成部分。当前，我国正处于从大国走向强国的关键时期，展现中国形象不仅意义重大，而且充满挑战：一方面在从大国走向强国的过程中，中国的发展壮大使得国际社会出现了一些阻遏中国发展的势力、忧惧中国强大的声音，我国发展的外部环境日趋复杂。面对这些挑战，我们必须从容应对，通过展现真实的中国消除各种偏见和误解。另一方面尽管中国逐步从大国走向强国，但中国在世界上的形象很大程度上仍是"他塑"而非"自塑"，迫切需要我们提高讲好中国故事、传播好中国声音的能力，塑造良好国家形象。

习近平总书记指出："文化是一个国家、一个民族的灵魂。""文化自信，是更基础、更广泛、更深厚的自信，是更基本、更深沉、更持久的力量。"文化是塑造国家形象的核心和灵魂，文化自信是展现国家形象的前提和基础。塑造、展现和传播新时代的中国形象，应当将文化作为重要考量，不断提升中国国家形象的文化含量，充分发挥文化自信在展现中国形象中的作用，而文化自信的展现将有赖于文化管理制度的发力。

不难看出，我国的文化管理制度与西方发达国家相比，还存在不小的差距。尤其是在互联网文化产业管理、网络文化治理等层面，依然存在不少的法律或者法规空白，急需填充。这就需要我们向西方发达国家借鉴和学习，在其先行成功经验和成熟的文化管理制度中寻找适合中国国情的管理政策或者手段，从而实现中国文化管理制度水平的再提升。

分析西方文化管理制度之后不难发现，我国的文化管理制度体系在结构上还存在着框架不明、权责不清、领域不足的情况，需要结合时下社会发展的需求，进行更进一步的革新。例如，著作权的救济与权利限制制度在我国是一个政策空白，需要及时填充；国家文化审查日常制度的建立还不够具体和权责分明，需要进一步出台更加细分化的政策措施；文化司法审查在国家文化法治中的作用还没有得到有效发挥；公共文化服务的托管制、文化基金会制等制度形式还没有得到有效尝试和推广；国际文化合作的策略还有待进一步完善。

第七章 无形之手的威力：文化市场机制的合理利用

改革开放以来，中国的经济社会发展取得了举世瞩目的成就，但同时也面临一系列重大新课题，特别是在价值观念日益多样化的背景下，如何加强主流价值观传播，获得大众真正认同的问题。诚然，在改革开放实践向纵深发展的今天，主流价值观的传播方式愈加多样化，现代市场机制逐渐进入主流价值观的传播中来，在繁荣发展文化、传播主流价值观中的作用越来越明显。从一定意义上讲，占领市场，就是占领意识形态阵地。我们在传播主流价值观的过程中，应最大限度地发挥市场机制的积极作用。

当然，我们应该看到主流价值观传播与文化市场机制之间存在着矛盾：一个是市场机制的自发性与主流价值观传播的自觉性之间的矛盾。文化市场的形成，使大部分精神产品都需要经由市场才能到达消费者手中，而市场本身是不问其流通东西的来源的。市场自身的弱点和消极方面，必将出现人对物的依赖或物对人的支配现象，反映到人与人的关系上，易于诱发拜金主义、享乐主义、极端个人主义等各种有悖于社会主义道德的行为和现象。主流价值观是一种自觉的社会意识形态，其传播所要面对和解决的一个基本课题，就是如何实现从自发到自觉的转化、升华和飞跃，这是市场机制不断激活主流价值观的过程。目前，我们文化市场存在从娱乐化到泛娱乐化的现象，没有把自觉维护社会主义核心价值观作为自己的担当和责任，甚至一些文化产品还与社会主义核心价值观相违背。这些都不可避免地导致人们在价值观上的冲突，表现为社会主流价值观的失落及对传统价值观的否定和对西方价值观不同程度的认同。值得注意的是，中外文化的直接碰撞不仅发生在境外，而且将大量发生在国内市场。随着经济全球化的深入发展，西方一些文化产品传入中国，某些文化产品在我国市场上有相当高的号召力，值得警惕的是这些文化产品背后蕴含的资本主义价值观。若人们喜欢西方的文化产品，也就意味着文化产品背后的资本主义价值观会在人们文化消费的过程中潜移默化地影响他们的价值认同，使西方价值观逐渐内化为人们的价值体系，给我国文化产品的传播和接受形成巨大的挑战，在很大程度上也会阻碍社会主义核心价值观在社会主义市场经济土壤上的培育和弘扬。另一个是党和政府的价值导向与市场机制的利益驱动之间的矛盾。在社会主义市场经济条件下，经济领域多种经济成分同时并存和共同发展，意识形态领域多种思想文化同时并存和相互作用。文化产品在传播的过程中既有教育人民、引导社会意识形态的属性，也有通过市场交换获取经济效益、实现再生产的产业属性。坚持把社会效益放在首位，将社会效益和经济效益相统一，是社会主义市场经济条件下文化产品意识形态属性和产业属性所决定的，也是党和政府的价值导向，然而市场经济的快速发展，凸显了文化的经济属性，功利性成为文化产品的重要价值导向。市场经济的发展受利益驱动，更具体地说是受资本驱动。资本和文化的结合与互动，导致文化产品的功利取向迅速膨胀。随着改革开放不断深化和经济社会快速发展，一些文化产品在传播主流价值观的过程中过多地注重经济效益，忽视社会效益，不利于主流价值观的传播。我们统计文化国内生产总值的时候，往往重视它的经济效益，却很少顾及我们的作品究竟有多少称得上是经典，有多少人可以真正获得"人类灵魂工程师"的称号。与此同时，在生存和发展的压力下，我们往往把经济效益作为自己的首要追求，忽视了肩负的社会责任，过分强调以受众和市场为导向，为了达到吸引受众的目的，不惜降低品位来吸引大众眼球，从原来的"引导"受众走向"迎合"受众。这给人们造成一定程度的视觉污染和精神污染，滋长了一些错误价值观的蔓延，严重分化和削弱了主流价值观的传播和内化。再一个就是精神文化需求增长与市场有效供给不足之间的矛盾。随着经济的快速发展，我国人均文化消费逐年增长，文化消费已成为消费领域新亮点，但我国文化消费量总体上仍处于较低水平，城乡之间、东西部之间、不同收入群体之间的文化消费极不平衡，文化市场"有数量缺质量，有高原缺高峰"的现象仍较为普遍。仅靠单纯的市场调节很难对精神文化产品实现较合理的资源配置，一些群众需要的精神文化产品在很多时候往往缺少供应，市场中思想性强的文化内容产品由于开放度低而供应不足，搞笑低俗的产品由于开放度高而有些泛滥。毫无疑问，文化产品的生产、传播和消费像其他任何商品一样，首要的是占有市场、占有消费者，其内在的质量、价值、意义往往被忽视。但是，文化产品真正能够影响人的价值取向的，不是文化产品的经济效益，而只能是蕴含在文化产品中的价值精神。实践证明，人民群众对那些思想健康、道德高尚、风格独特的文化产品有巨大需求，同时收获社会效益与经济效益的成功是可以实现的。相比之下，主渠道的供给能力跟不上人民群众快速增长的精神文化需求。当经济发展、人民群众生活水平提高，消费支出增加，文化消费需求强劲，而承载主流价值观的文化产品和服务却不能充分满足和供给的时候，"精神饥渴"在物质满足的反衬下变得愈加强烈。在一定意义上，主流价值观传播的关键在于提供优质的文化供给。在坚守价值底线和价值提升要求的基础上，提供优质文化产品需要一个长过程。面对巨大的发展空间，推动主流价值观与人们文化消费的现实需求实现良性对接尤为重要，这不仅关系我国文化消费长效机制的建立，同时也决定了将主流价值观转化为精神力量的路径。

如何更好地发挥文化市场机制的作用，使其更好地助力主流价值观的传播，是我们应该思考的一个问题。

在信息技术高度发展的当代，谁的传播手段先进、传播能力强大，谁的思想文化和价值观就能更广泛地传播。我们不妨看看西方发达国家在这个层面的实践和经验。西方发达国家的影视、动漫、时装、广告等都是在迎合观众消费口味，获取最大经济效益的同时，在国内外成功地进行资产阶级价值观、政治思想意识、生活方式等意识形态的宣传和灌输，使大众在不知不觉中和西方主流社会的价值观相符。时下，我们已很难找到没有文化标记的产品、不借助文化影响的销售和不体现文化意义的消费，带有美国文化特点的影视大片、带有法国文化要素的时尚品牌、带有日本文化符号的动漫形象等，使人们在举手投足之间就触及不同的文化信息。这些国家价值观的传播、国家形象的塑造渗透于市场机制之中，不以僵硬的意识形态面目出现，而是具有表面上的非政治性，以及无所不在而形成的整体性的特点。以美国为代表的西方发达国家之所以能够向世界各国进行文化和价值观输出，主要是凭借其经济和科技优势，通过好莱坞电影、迪士尼动画片、格莱美音乐等娱乐业生产的文化产品，利用各种手段和方式占领全球大部分市场，使其文化经济化、运作市场化，并以此向世界各国传播其价值观、生活方式和社会制度。西方文化产业不单纯是谋利的文化企业，同时又是西方价值观传播的阵地。这也同样给我们一个启示：文化产业的兴盛和发展必然是主流价值观的重要传播途径之一。

从一定意义上讲，市场化环境构成文化发展的外部条件，现代市场机制逐渐进入文化的生产和传播中来，承载一定的文化精神价值，在满足人们精神需求的同时达到潜移默化的效果。受访者 S35 认为："要影响一国主流价值观，必须首先进入一国的主流文化市场。从总体上看，文化的存在方式：一是各种类型的文化产品，二是各种形式的文化服务。在市场经济条件下，文化产品和文化服务渗透于社会生活的各个层面，通过市场交换来实现其价值，既具有商品、产业和经济属性，也具有特定的意识形态属性。在消费文化产品和服务的同时，也生产出与之相适应的社会心理和意识形态。"文化产品和服务的输出过程同时也是价值观的传播、辐射及影响过程。文化市场提供的文化信息、文化产品和娱乐经济，借助市场机制无孔不入的力量，渗透到社会生活的方方面面，思想文化和价值观不断寻求更为快捷和稳定的传播载体。随着社会主义市场经济的发展完善，无论是文化资源的配置、流动和挖掘，还是文化的生产、传播和消费，都难以完全脱离市场。在社会主义市场经济条件下，绝大多数文化产品和服务都具有商品属性，对于人民群众多样化、多层次、多方面的文化需求，主要靠市场来满足。承载着主流价值观的文化产品与服务的生产和传播，绝大部分都要进入市场。只有那些弘扬真善美、彰显主流价值观、为广大人民群众所欣赏所喜爱的文化产品和服务，才能有效地进入和占领市场，取得良好的经济效益，而文化产品和服务只有通过占领市场被广大群众所接受，才能更好地传播主流价值观，产生更多更大的社会效益，受访者 S71 认为："近年来，张扬中国力量、中国精神、中国价值的精品力作受到市场欢迎。例如，《开讲啦》《中国诗词大会》《朗读者》等节目的热播，为中国综艺节目更好地实现主流价值传播做出了有益尝试;《筑梦路上》《海棠依旧》《焦裕禄》《战狼 2》等一批既叫好又叫座的优秀作品先后问世，进一步彰显了主流价值观。当然，运用文化市场机制绝不等于文化产品和服务的唯经济效益至上，更不意味着对社会效益的偏废。或许一些哗众取宠的文化产品和服务能在市场上获得暂时的生存机会，但它们绝不能持久地满足消费者的精神文化需求。文化产品只有成为广大群众的自觉消费，才能最大限度地实现文化的宣传教育功能，达到以优秀的作品鼓舞人的目的。"总的来看，主流价值观传播要深入人心，就不能单纯地通过教条化的刻板说教方式让受众接受，在一定程度上必须适应文化市场机制的运行规律，考虑市场的需求，贴合大众的口味。只有把意识形态属性与产业属性有机地结合起来，把社会效益与经济效益有机地统一起来，才能够奠定主流价值观传播的坚实的生存根基和市场基础，成为文化软实力的重要支点之一。

针对具有许多新的历史特点的伟大斗争，我们应当掌握马克思主义的科学方法论，坚持以社会主义核心价值观为引领，最大限度地发挥文化市场机制的积极作用，探寻主流价值观传播与文化市场的良性互动机制，弘扬主旋律，传播正能量，切实维护良好的文化生态。

第一，坚持文化市场正确方向，促进主流价值观传播。社会主义市场经济体制具有鲜明的制度属性，应当从做好意识形态工作的高度出发，把主流价值观传播的特点和规律与市场经济发展的要求统一起来。受访者S73认为："文化产品和服务虽然具有商品属性，但这绝不意味着可以把文化和经济的不同本质等同起来。文化的内容特别是涉及意识形态和精神世界的内容，不能简单地交给市场来定夺。要保持文化市场正确的发展方向，树立以马克思主义为指导的思想观念，用高质量的文化产品与服务表现和传播主流价值观，以思想的力量、艺术的魅力感召群众，打动人心。要充分发挥社会主义市场经济体制的优势，创作和生产更多更好反映人民主体地位和现实生活、群众喜闻乐见的优秀精神文化产品，以更多更好的文化产品和文化服务占领市场，进而占领文化阵地，占领人们的思想心灵。在占领市场的过程中更好地服务群众，努力满足不同层次、不同群体群众健康有益的文化需求。在服务群众的过程中赢得市场，努力实现社会效益与经济效益的最大化。当两个效益、两种价值发生矛盾时，经济效益要服从社会效益，市场价值要服从社会价值。自觉抵制'去思想化''去价值化''去主流化'倾向，让人们在文化熏陶中感悟认同社会主流价值。"需要强调的是，在主流价值观传播过程中引入市场机制，并非弱化政府的主导作用，应坚持政府主导和市场调节相结合，既要尊重市场需求和群众需要，也要注重社会效益和思想引领，引导文化企业在坚守法律底线的同时坚守道德底线，通过创新传播方式和载体，保障主流价值观传播。

第二，通过拓展文化市场资源，扩大主流价值观传播。文化市场是我国社会主义市场经济的重要组成部分，是开放性的运作体系。近年来，我国文化市场发展很快，但仍不能满足人们的精神文化需求。受访者S75认为：“我国传统文化资源开发存在重形式、轻内涵等问题，没有充分体现传统文化的厚重和价值。现代文化资源开发存在急功近利、简单粗放等问题，可持续性不强。当前我国文化消费市场，以美国为代表的西方文化消费产品占领一大部分消费人群，这些人群以青年人为主。丰厚的文化资源和巨大的市场是我们的优势，但雄厚的资本与成熟的商业运作是西方的强项。我们要准确把握受众需求和主流价值观传播规律，充分发挥市场在文化资源配置中的积极作用，坚定文化自信，更好地担负起传承中华优秀传统文化、弘扬革命文化、发展社会主义先进文化的责任，促进文化资源与主流价值观传播的有机融合。”受访者S79认为：“要充分调动社会力量、社会资本参与主流价值观传播的积极性，推动文化事业、文化产业繁荣发展，提供更多更好的优秀文化产品和文化服务，生动形象地反映出时代的向度、生活的广度和精神的深度，通过占领文化市场来占领思想阵地，满足人民群众多样化、多层次、多方面的文化需求，把文化资源转化为主流价值观的传播优势和市场优势。”

第三，建立健全文化市场机制，保障主流价值观传播。实现市场机制与主流价值观传播的有机融合，要充分利用有效市场，使市场对文化精神资源起配置作用，但是我们也要清醒地认识到市场在调节过程中会失灵，不能任由市场自由调配，市场需要一个健全的政策制度机制来保障。首先，对于市场机制的运行必须建立监管机制。受访者S73认为：“如今我国文化产品遍地开花，但是作品良莠不齐。在有些作品中，有的调侃崇高、扭曲经典、颠覆历史，丑化人民群众和英雄人物；有的是非不分、善恶不辨、以丑为美，过度渲染社会阴暗面。因此，需要对文化创作者、文化产品及其传播进行监管，依法依规、合理有效地弥补因原有审批监管事项不断调整变化而形成的监管空白，构建新的意识形态防火线。"其次，对于市场机制的调节必须建立反馈机制。传播是一个双向的过程，大众是否真正认同主流价值观，是否能够内化于心、外化于行，需要定期分析研判主流价值观传播领域的新形势，以此创新发展传播方式方法，找准市场机制和主流价值观传播的有机结合点。最后，对于市场机制的失灵必须建立问责机制。明晰文化市场主体的权责制度，在思想交锋中敢于亮剑，防止错误价值观的传播，增强主流价值观传播的实效性。

第一节　发挥主流电影的力量

中华人民共和国成立之后，我国主流电影一直没有停下其改革和前进的步伐，梳理其发展之路，大致可以分为以下五个时期：第一时期（1949—1979），中国电影全面向苏联学习，建立工业化电影制片厂体制，这一时期的电影通常以超越个体的宏大叙事承载主旋律价值与观念，职能层面重在强化共产党的领导地位，力图建构积极正面的国家形象与时代话语；第二个时期（1980—1992），在百废待兴中开启与当代世界电影美学的对话；第三个时期（1993—2000），以1993年三号文件启动为标志开启的电影体制改革，"坚持主旋律，提倡多样化"的主张被提出以来，主旋律电影以宏大叙事建构着国人的家国情怀，却同时也面临市场表现欠佳的窘境；

第四个时期（2001—2017），以 2001 年的电影产业化改革为标志的电影体制改革，这一时期的电影随着中国电影整体产业化水平的日渐成熟与市场化进程的深入，主旋律电影开始了自身的转型与创新，逐渐从此前主旋律电影的固定程式与宣发范式中成功转型，从主旋律影片转化为新主流电影，在商业类型、剧作主题、视听呈现、文化视野等多个方面，新主流电影在主旋律电影的基础上实现传承、突破与创新；第五个时期（2018—），以 2018 年中宣部开始统一管理电影工作为标志的电影体制改革，这一时期的电影创作开始考虑将主流价值观融入多种艺术表现形式中，满足多样化社会需求，繁荣社会主义文化市场，让电影走向更多元的文化，走近最广大的人民，体现出创作类型化、视野开放化、运作市场化、制作工业化、传播多样化等新时代特征。

党的十八大以来，电影主管部门紧密联系国家发展、时代进步主题，根据中国国情和改革开放的大节奏，推出了相应的制度设计，制定了符合中国国情的产业布局，形成了文化自主的创作格局，打造出了中国特色的新型电影发展模式，使中国电影正向着类型不断健全、产业全面发展、技术不断与国际接轨的方向稳步前进。例如，2019 年电影院线制改革继续深入，博纳影业、华人文化等具备强大产业基础和资金实力的新入局者获批跨省院线牌照，并迅速取得了亮眼的业绩，给院线竞争带来鲇鱼效应；打击侵权盗版违法犯罪活动力度加大，公安部部署专项行动，对侵权盗版春节档电影重拳出击；"亚洲文明对话大会·亚洲影视周"等活动顺利举行，亚洲各国电影旗帜人物会聚太庙，电影文明互鉴成为艺术家们的共识；乡镇影院建设在全国稳步推进，更多的农村和乡镇观众不必进城也能看到最新大片，享受与城市观众同样的影音大餐；北京、上海、丝绸之路、海南岛等国际电影节或风华正茂，或锐气十足，都在彰显大国气象；第十五届精神文明建设"五个一工程"获奖电影引领创作导向；第二十八届金鸡百花电影节盛况空前，大陆电影评奖必将成为华语电影的标杆，推动中国电影走向世界，并发挥出世界性的影响；2019 年 5 月，中央全面深化改革委员会审议通过《关于深化影视业综合改革促进我国影视业健康发展的意见》，从完善创作生产引导机制、规范影视企业经营行为、健全影视评价体系、充分发挥各类市场主体作用、加强行业管理和市场执法、加强人才队伍建设、完善组织保障等七个方面统筹推进改革，既抓住具体问题，又聚焦长效机制，将在未来持续为电影发展注入改革动力。应该说，这些积极的举措都收到了良好的经济效益和社会影响，促进中国电影尤其是主流电影进入了新的发展时代。

近年来，中国主流电影精彩纷呈。例如，《我的战争》《建军大业》《湄公河行动》《红海行动》《八佰》《金刚川》《长津湖》等战争电影，不仅在制作技术上体现了中国电影工业化的进步，而且也艺术地讲述了中国英雄、中国故事和中国精神，让观众在大银幕上体验战争残酷的同时，也呼吁人们更加热爱、珍惜和平。《唐人街探案》系列、《西虹市首富》、《美人鱼》、《飞驰人生》、《李茶的姑妈》、《送你一朵小红花》、《温暖的抱抱》、《你好，李焕英》等广受观众喜爱的喜剧电影，呈现出轻喜剧、黑色幽默、都市喜剧、复合类型喜剧等多种形态，在嬉笑怒骂中展现温情与希望，引起了大众的广泛共鸣，已经发展成为当下最具中国本土特色和市场竞争力的电影类型。《流浪地球》《疯狂的外星人》等科幻电影接连上映，具有完整的未来世界观、更高的工业水准和美学追求，以中国故事、国际表达收获了观众的喜爱。《小门神》《大护法》《阿唐奇遇》《大鱼海棠》《罗小黑战记》《风雨咒》《白蛇：缘起》《哪吒之魔童降世》等国漫电影取得突破性进展，重新唤起了观众的国漫热情。《夺冠》《破风》《激战》《超越》《旋风女队》等体育题材的电影，以高燃的竞技感赢得了市场与观众。《无问西东》《冈仁波齐》《七月与安生》《找到你》《少年的你》《地久天长》《风平浪静》《路边野餐》等文艺影片用现代电影形态去表现对现实的观察、认知和阐释，体现了强烈的现实关怀和人文关怀。

家国观念一直被认为是中国主流电影永恒的主题。在全球数字化传播的视域下，家国观念作为中国主流电影的宏观叙事主题，依然是一条主线。当然，随着新时代人们对电影需求的变化，主流电影也在不断探索和创新表达范式，成为主流价值观传播的一个重要载体。

中国电影素有运用宏大叙事铭记历史、歌颂时代的光荣传统。党的十八大以来，围绕党和国家工作大局和重要时间节点，重点主旋律影片开拓了创作新境界。例如，庆祝新中国生日的重点影片《开国大典》《建国大业》《我和我的祖国》，庆祝党的生日的重点影片《开天辟地》《建党伟业》，庆祝人民军队生日的重点影片《八月一日》《建军大业》，纪念中国人民抗日战争暨世界反法西斯战争胜利70周年的重点影片《太行山上》《百团大战》，迎接党的十八大重点影片《忠诚与背叛》《西藏天空》，迎接党的十九大重点影片《十八洞村》《空天猎》等；再如，纪念改革开放40周年重点献礼影片《春天的马拉松》《照相师》等，纪念中国人民

志愿军出国作战 70 周年创作的《金刚川》《最可爱的人》等，展现中国
人民脱贫攻坚伟大成果的《我和我的家乡》《一点就到家》《秀美人生》
等。《夺冠》探索以真人原型为基础的体育电影创作思路，通过三代中国
女排为国家荣誉而奋斗的故事，书写了女排精神在不同时期的传承与发展，
引发观众强烈共鸣，形成影院里的观众为银幕上的女排队员加油的奇特观
影现象。《金刚川》通过敌我双方的不同视角，描写了志愿军面对美军的
轮番轰炸，宁愿自我牺牲也要确保主力部队按时到达作战位置的不屈战斗
意志，高扬了不怕强敌、奋勇向前的伟大抗美援朝精神。《我和我的家乡》
采用拼盘式叙事模式，五个故事聚焦医疗、扶贫、教育、环保、旅游等方面，
通过喜剧的样态，以幽默的方式全方位、多维度地展现了在党的领导下，
全国人民物质生活和精神生活的巨大变化，以及普通百姓在这一历史进程
中的主体地位，在给观众带来欢乐和感动的同时，引发大家的思考。这些
影片围绕不同历史时期的中心任务，反映党、国家和人民军队波澜壮阔的
奋斗历程和中央的重大决策部署，激发起了广大群众的爱党、爱国热情和
民族自豪感。受访者 S80 认为："这些电影中，既有'重工业'标杆之作，
也有诗意与现实并存的中小成本影片，代表了中国电影大小并重的多样化、
多品种、多类型良性生态格局，实现了中国文化的创造性转化与发展。"

近 10 年来，中国主流电影一改往日以说教口吻和脸谱化表达为主的
宣教片面貌，减少了死板说教的成分，更注重影片故事情节的表现，人物
塑造更加细腻真实。比如，《红海行动》将英雄个体与先进强大的现代军
事意象整合到国家崛起的宏观主线中，一改传统的叙事思路，以也门撤侨
为故事原型，表现中国军人的风采，紧张刺激的类型化事件带来了新鲜的

观影感受。这其中对家国观念的表达，是从大视野到小视野的转变。波澜壮阔的时代是由千万个普通人共同缔造的，家国情怀不是空洞的政治口号，而是从无数普通人生活和内心生发出来的。电影镜头的视角转换正是这种时代觉醒的体现。在电影《我不是药神》中，一切指向家国情怀的表达，都由看似毫不起眼的小人物来展现。该电影中的故事都是以小人物的生活小细节来推动，许多细节虽然不是人人都经历过，但一看就十分切近，是真实的现实生活场景，所有的人物一步步往前走，一步步拨开迷雾，走到了更为深远的地方，而影片的主题也随之凸显，这正是符合小人物步调的节奏，使得观众在观影最后无不为救人的"商贩"落泪。《中国机长》是典型的灾难片，虽然源自真人真事，但并不过分夸大惊险和灾难元素，而是把更多的镜头聚焦于机组人员面临危难时的职业操守，淡化个人英雄主义，突出集体的力量。《烈火英雄》中的亲情、爱情、兄弟情、战友情等感情线都极具感染力，影片在展现社会责任感、集体荣誉感等家国情怀的过程中，没有用程式化的表达，而是通过紧贴普通人生活的细节来展现，让人一看就有熟悉感、亲切感，这些细节的处理和发酵，引得无数观众潸然泪下，并在这种情绪中真切感受到家国情怀。这些真实而琐碎的表达，取代了以往英雄传奇式的大情怀，代之以普通人的小情怀和充满生活气息的中国故事，追求与观众的共情共感。这种共同构筑的家国观念，真正拨动了观众的心弦。

当前，中国电影正形成大小并重的多样化、多品种、多类型的良性生态格局，在主旋律与类型电影的深层融合中，用世界语言讲述中国故事，在中国故事中创造"世界新景观"。截至 2020 年 12 月 31 日，中国电影票房突破 200 亿元。同往年相比，虽然降幅巨大，但三、四线城市观影需求增长显著，国产电影票房占总票房的 83.72%，在非常时期取得这个成绩殊为不易，可以看出中国电影市场所蕴藏的巨大活力。受访者 S85 认为："疫情影响推动中国电影产业的重组和结构优化调整。疫情之前，我国电影业已处于热钱退潮后加速挤掉泡沫和资本重构、产业升级的过渡期，疫情客观上让这一过渡期大幅度缩短。随着我国社会发展基本矛盾的转变，电影在老百姓精神文化生活中占据的位置越来越重要。面对新的国际国内环境，随着国家对文化发展越来越重视，电影产业将获得更加广阔的发展空间。"

在主流价值观的传播过程中，我们确实不能忽视主流电影的作用。因为从目前的发展态势来看，新主流电影至少在以下两个层面颇有建树：一个是大众文化的建设层面，一个是青年文化的承载层面。新主流电影不断在对当前国内文化语境中的多元文化资源进行更大限度的包容与整合，无论是横向空间维度上的欧美等电影文化特点，还是纵向时间维度上中国传统文化中的经典题材与优质资源，再或者目前开放的话语环境中青年亚文化、女性文化等，都被纳入了主流电影的题材选择与创作范围。在大众文化的建设方面，主流电影力图实现与时代命运相关的宏大命题和个体价值进行有效的对接，这在近 10 年的电影中都可以找到例证。例如，2019 年国庆档电影《我和我的祖国》，这一为庆祝中华人民共和国成立 70 周年而制作的献礼片，采用平民视角以小见大，重新挖掘"我"与"祖国"的关系，缩小叙事切口，从宏大的"祖国记忆"走向了更贴近个人生活经验的"家乡故事"，并通过人物刻画有意强化平民喜剧性。影片通过对家乡今非昔比的聚焦，关注普通大众生活环境的切实改善与对家乡新颜的奋力建设。通过展示普通人的生活图景，将不同人群真挚淳朴、机智幽默、积极追求美好生活的愿望与实践表达出来，洋溢着轻松温暖的氛围，亦是一种尊重人民、遵循"常人之美"的新主流表达。在青年文化的承载层面，主流电影也始终尝试主动融合青年文化的元素，并对其表示出足够的尊重和重视。我们回望近 10 年来的中国主流电影，都试图在本土化上开启更多的实践性演绎。例如，电影《流浪地球》，虽然其借鉴的是好莱坞的科幻类型，但在叙事风格层面上颇为注重影片的节奏控制、画面呈现、人物细节等，力图在视听语言的层面上体现青年人的表达方式和心态。

主流电影在主流价值观的表达上更具鲜活性和说服力。例如，近年来的战争动作类影片中，个人尤其是英雄人物成为英雄群体的缩写，这些人物不仅是英雄的概念化身，而且是有血有肉的具体形象，他们的性格特征、情感状态细腻而饱满。由此，影片的价值取向塑造和表达更具说服力，也更容易与观众产生共情。受访者 S82 认为："主流电影中的主流价值观充分强调对个体的尊重和对生命的敬畏，具有更加深刻的哲学内涵与人文关怀，同时将人物命运与国家命运紧密结合，强化共同体意识，在主流价值观的传递上更具发言权。"

另外，我们也可以通过对新主流电影的民族化阐释，来尝试实现国家文化传播与话语体系建构。当然，这是一个不断完善、流动发展的过程，目前还不够成熟，是未来我们努力的方向：一方面我们可以尝试将电影作为执行路径，实现中国传统文化、现实国情与民族气质之间的有效对接，体现独特的中华民族精神气节；另一方面我们可以尝试将人类共享价值中真善美的部分与当代中国的时代精神进行有效对接，继而实现中华文明与世界文明的对话。

第二节　主流媒体的能量集聚

主流媒体对主流价值观的支撑作用是社会共识。在世界上任何国家和地区，主流媒体都是其彰显主流价值观的重要路径之一。北京大学潘维教授认为："主流价值观要确立和公认需要关键的人物和关键的机构，大众传媒以及主流媒体的从业人员都是不可或缺的关键机构和关键人物。而且，随着大众传媒社会影响力、影响面不断扩大，不断深入，对主流价值观的影响力越发彰显出来。"[①] 大众传媒对主流价值观的影响是潜移默化的，这种日积月累式的影响一旦形成就很难被轻易撼动。例如，以自由、宽容、公平等为标榜的美国主流价值观在全球传播，对其他国家和地区原有的价值观造成了直接影响。美国前总统安全事务顾问助理布热津斯基将这种结果归因于大众传媒的影响力。美国的跨国媒体集团几乎覆盖了全球大多数的传媒产品领域。

复旦大学林晖认为大众传媒对主流价值观的支撑作用主要体现在四个方面："一是倡导，对主流价值观正面的阐释和宣扬；二是示范，这不仅仅是树立能体现主流价值观的人物的典型形象，更多的是讲故事，最常见的就是电影、电视剧；三是解读，以主流价值观所固有的基本立场、基本观点和思维方式来分析当前形势、重大新闻事件、剖析令人关注的社会现象，解读新的政策、法规，从而让公众形成固有的基本立场、基本观点和

---

① 李强. 中国社会价值观变迁 30 年 [M]. 北京：中国社会科学出版社，2008:72.

思维方式；四是抵制，对内部滋生的、外来渗透的敌对价值观、意识形态的揭露、批判，以维持本国主流价值观的纯洁。"①这一观点的阐释，笔者认为是比较中肯的，但是也应该看到，主流媒体对主流价值观的自觉传播在当前全球化数字传播的视域可能不会是理所当然的，毕竟曾经席卷全球的媒体低俗之风令许多国家和地区的公众深受其害，罪魁祸首当然是大众传媒的商业利益在作祟。

时下，随着互联网的普及和数字技术的日益成熟，新媒体成为大众传媒的重要组成部分，手机、平板等终端的大量使用，也使得传统意义上的大众传媒（报纸、杂志、电台和电视台）遭遇前所未有的分流危机。根据国家统计局 2022 年 2 月 28 日发布的《中华人民共和国 2021 年国民经济和社会发展统计公报》显示：2021 年我国互联网上网人数 10.32 亿，其中手机上网人数 10.29 亿。互联网普及率 73%，其中农村地区互联网普及率57.6%。全年移动互联网用户接入流量 2216 亿 GB，比上年增长 33.9%。由此可见，主流媒体与新媒体的融合发展是形势所趋，也是必由之路。中国媒体的融合和发展在近年来也走得比较顺遂，取得了不小的成就。打通报纸、广播、电视、网络之间的限制，将传统媒体整合形成传媒集团，实行企业化体制转轨，成为多媒体平台运作的传媒集镇是当代中国媒体融合发展的鲜明特色。

在全球数字化传播的视域下，大众传播模式的改变主要体现在全球化和个人化两个层面，用一个网络热词形容，就是"大众麦克风"时代。其实就

---

① 林晖 . 断裂与共识：网络时代的中国主流媒体与主流价值观建构 [M]. 上海：复旦大学出版社，2013:29—30.

是"个体大众传播"的预指。卡斯特在其著作中，曾经提出过"个体大众传播"的概念，他认为："网络时代传播权利开始普及，任何一个地区的普通人使用网络资源传播的内容，在理论上和技术上都可以实现全球的传播，'广而告之'不再是广播、电视等大众媒体的垄断权。"① 也就是说，网络传播的出现使网民的传播权得到了前所未有的扩大化。在新媒体兴起以前，作为个体的普通民众所拥有的传播权力是很有限的，"随着互联网的普及、各种新媒体的崛起，越来越多的公众成为新媒体的用户（不仅仅是接受者，同时也是传播者）。网络技术形成的'一对一''一对多''多对多''多对一'的传播格局打破了原有的传播权力分布。传统媒体不再有能力以压倒性的优势集中传播权力，权力被分划到了新媒体和新媒体的使用者手中"②。

石首事件、躲猫猫事件等诸多重大舆情之所以能够在社会上掀起巨大的波浪，不仅仅是因为网络传播的助推，更多的是主流媒体在关键节点上没有发挥作用。主流媒体在热点事件的报道中，应该既不激化矛盾，也不隐瞒问题，而应该致力于引导公众在了解事实的基础上，通过普适性的、冷静的公共讨论，达成基本问题的社会共识。即使是在全球数字化传播时代，主流媒体对主流价值观的传播与建构功能依然没有削弱，传播权利一直没有离开，只不过看似游离而已。

媒体融合发展是提高主流媒体传播力的必由之路。时下，主流媒体需要做的就是紧跟数字化、移动化的信息传播趋势，积极运用先进信息技

---

① [英] 卡斯特. 传播力 [M]. 汤景泰，星辰译. 北京：社会科学文献出版社，2018:55.
② 芮必峰，张冰清. 新的传播权力呼唤新的社会责任：以"合肥少女毁容案"的网络传播为例 [J]. 新闻记者，2012(04):32.

术，推动传统媒体与新兴媒体在传播技术、内容制作、媒介功能、管理体制等方面的深度融合，使得自身在主流价值观建构过程中起到中流砥柱的作用。

首要的任务是必须让新型信息技术成为主流媒体的左膀右臂。综观世界信息技术发展格局，我们会发现，信息技术的革新，新技术、新产品的开发应用的周期越来越短，5G、人工智能、VR 等技术早已在传播领域得到纯熟应用，将主流媒体与新媒体的融合发展推向纵深化。运用大数据和云计算技术提升新闻生产能力，在资源整合的基础上建立丰富的数据信息资源库，利用新媒体的成熟技术和平台发展和表达自身……这些努力都将会使主流媒体在互联网领域占有一定的席位。近年来，微博、微信以及短视频平台的普及，使人们接收信息的渠道更加多元化，国内的各大主流媒体也相继入驻这些平台，利用自媒体平台的传播优势来传递主流文化信息，增强主流价值观的影响力。

"内容为王"永远是主流媒体的核心竞争力。分众传播的出现，要求主流媒体针对不同群体的信息需求采用不同的方式进行内容生产。充分利用主流媒体、社交平台，促进用户之间的互动交流，为用户提供专业化、分众化的信息产品，扩大用户的覆盖面和规模。受访者 S7 认为："在时下用户体验黏性增长的需求中，图文并茂、视听兼备、生动形象的多维体验将有利于信息的传播和接收。因此，主流媒体要善于运用图片、音频、视频、动漫、直播等新媒体传播手段制作有吸引力的作品，将主流价值观通过生动的形式和多样的手段表达出来，带给受众全新的体验。在以往的传播方式中，主流媒体以宣传国家大事为主，没有足够贴近普通百姓生活，使百姓觉得宣传内容与他们距离遥远，甚至与己无关，因而渐渐疏远。"主流媒体要做的就是让内容融入普通人的生活，注重运用生活化的话语方式和传播内容，将主流价值观的传播与普通人的情感体验相结合，与人们喜欢的、与生活相关的信息相融合，使人民生动形象地理解和接受主流价值观。

人才的引进和培养是主流媒体做大做强的根基。时下的新媒体产业已经成为一个跨电信、传播、软件、计算机、设备制造等诸多领域的新型产业。受访者S6认为："5G网络的普及，使得新媒体从跨行业向全产业发展的趋势更加明晰，对产品经理、数据处理工程师、客户服务等岗位的需求也明显增加。这一变化对主流媒体的从业人员提出了更高的素质要求，人才储备和人才类型的格局需要重新调整和建立。因此，主流媒体与新媒体融合发展的过程中，引进各类互联网技术人才和提升现有人员的素质就摆上了日程。"创新选人用人机制，提升人才队伍活力，全力打造一支具有专业新闻素养和互联网思维、熟悉新媒体传播运营、具备较强实践能力和创新能力的复合型人才队伍，为媒体融合发展提供坚实的人才支撑和智力支持。

第三节　大众文化载体的建设

大众文化是一种新兴业态的文化存在形式，在融合发展中以其价值观的多元化和主导价值取向而覆盖了极广泛的人群。现实中，流行的大众文化往往潜移默化地影响着人们的思想观念、价值判断、道德实践，是建构和传播主流价值观的重要载体。

从发生学的角度来说，大众文化是当代才有的现象，它与经济全球化、冷战后时代意识形态的变革、现代传媒革新、高科技与互联网、新经济浪潮与当代世界文化产业的发展有着千丝万缕的联系。在中国，大众文化的出现，最早可以追溯到由计划经济向市场经济的转型期，特别是在党的十四大之后，大众文化伴随着市场经济的大力发展、改革开放的持续扩大化、多元文化空间的生成、文化产业的兴盛开始逐渐成形，并发挥着越来越重要的文化承载作用。

"大众文化"的英文为"popular culture"，"大众"的英文为"mass"。在法兰克福学派的观点中，他们认为大众是现代社会组织和意识形态将公民非个性化、统一化的结果，是一种固定不变、单质的群体。在英国伯明翰学派的观点中，大众的内涵被认为是一种价值或相对的立场，它包含了各种各样由具体利益关系、政治立场和社会联系形成的群体，是一个多样化的组合群体，而在北美学派的观点中，大众是一个积极的能动受众，它处在社会权力关系的弱者一端，由不断变化的不同群体构成，其内在关系错综复杂。

在全球数字化传播的视域下，互联网和手机的广泛使用，使得大众的内涵开始脱离"单质"的概念，而更加具有一个"复数"的含义。福建师范大学南帆教授认为："强大的市场体系正在深刻地改造所有的社会关系。市场的冲击重构了社会结构的版图，伴随市场凸显的别有意味的'大众'契合了新阶层的崛起，表情复杂的'大众'获得新的规定性，它是时尚的、流行的、动态的、匿名的、非实指的、游牧的、年轻的又带有某种不确定的具有主体意识的消费者，它以价值设定的平面化、复制化、肉身化和动感化等追逐于定位'现在'之当下的时尚，它以追求引领生活时潮和'审美'趣味为表征，在被形塑和被制造的'消费意识'和'视像'中求证自己的身份、地位和形象。"①也就是说，在南帆看来，"大众"在当代中国的现实社会中，其内涵主要指的是在社会转型中出现的新阶层，这个新阶层以中产阶级为核心，通过对审美共通感的逾越，以审美公正性的正名，试图以经济上的合法性获得文化上的认同。这不免让人产生一个疑问：以几千万为内核的中产阶级是否可以裹挟中国 14 亿人的庞大群体，他们的文化消费取向和价值观形塑是否可以代表全体中国民众或者说绝大多数中国民众的趋向。

以中产阶层为核心的"大众"不足以成为当代中国大众文化的主体群体。伴随着互联网和网络平台的兴盛，越来越多的"草根"和普通受众有了展示自己的舞台和争取自身话语权的途径，正在成为一种新兴的群体。大众的内涵正突破中产阶级的身份限制，开始向底层民众转移。当下的大众文化也突破了少数人的审美要求，开始向更加广泛、开放的方向发展。

大众文化作为主流价值观传播与建构的主要载体之一，是主流价值观得以彰显的重要途径。那么，如何来建设大众文化载体呢？受访者 S77 认为："其中关键的一步就是要打造大众舆论传播载体，建立覆盖面广泛的主流价值观传播机制：一方面要发挥主流媒体在主流价值观传播过程中的积极作用，另一方面就是要借助新媒体分众传播的优势，助力其成为宣传主流价值观的前沿阵地。"

---

① 南帆. 文学理论新读本 [M]. 杭州：浙江文艺出版社，2002:130.

当下，从传媒业发展格局来看，新媒体在渠道、内容、受众、市场等方面持续对传统媒体形成压迫，受众被严重分流的压力一直在增高。在日新月异的数字化技术面前，新媒体的创新和分化一直在进行中，也为主流价值观的传播与建构提供了新的机遇。

随着数字化技术、电脑、多媒体和互联网等信息传播技术以越来越快的速度更新换代，大众传播无论在传播对象还是传播技术上都在发生着前所未有的、带有根本性的变革，原先面向社会公众的大众传播开始出现越来越多的分众传播的趋势。受访者 S72 认为："网络媒体的兴盛不仅真正实现了个性化的传播服务，而且也使'广播'变成'窄播'成为可能。面对越来越多的信息，人们的注意力被极度分散。因此，受众的选择显得越来越重要。这就会产生一个必不可少的细分过程，那就是受众群的细分。"那些有着相似或相近动机、需要、欲望的受众构成了一个目标受众群，从而把受众划分为若干个受众群，确定适合的传播方式。值得注意的是：受众的需求因性别、年龄、收入、居住、地点、文化传统等多种因素综合影响，所以其需求的差异性决定了主流价值观在传播与建构的过程中也需要分类、分方式进行传播。通过细分受众群增强了传播的适应能力和应变能力，避免了在传播中分散用力，将现有的人力、财力、物力资源集中使用于一个或几个目标受众群，扬长避短，有的放矢地开展有针对性的传播。

第四节　网络文化平台的建设

互联网的纵深发展已重构了社会群体之间的信息传播秩序，并极大地提升了个体的创造力和维护个体的自由意志，影响了主流价值观传播与建构的特定路径和方式。传统社会的权力结构、组织机构和传播机构在被碎片化的同时，其撒网式的宣传策略所取得的成效已经大打折扣，而随着互联网的发展，每个个体都有了成为价值观建构者的可能，因为个体可以通过个人即时通信和社交网络平台等手段在一定范围或者群体中实现其个人意志的传播和价值观的表达。网络的病毒式传播不仅改变了信息链接方式、传播渠道和传播路径，而且改变了社会文化秩序和价值观的传播与建构。在当下，没有任何一个组织或者个体敢声称自己是绝对性的价值观传播主体，网络的自组织化使得价值观尤其是主流价值观的建构和传播方式迎来了整体性变革。

网络文化平台的建设是实现主流价值观建构和传播的捷径之一。如何建设和利用好网络文化平台，这是我们必须思考的重中之重。在网络文化平台的存在单元中，互联网公司是一个占比非常大的群体。受访者 S63 认为："在西方发达国家和地区，尤其是美国，诸如谷歌、推特、脸书等大型的互联网公司不仅是一个庞大的跨国经济体，而且还被赋予了某种特殊的文化使命，成为传播和建构西方价值观的大众化平台。这其实也是在给我们一个启示：当代中国主流价值观的传播与建构也必然要依托互联网公司的支撑。"可喜的是，近年来，我国涌现出了百度、腾讯、京东、小米等诸多拥有较强竞争力的互联网公司，可以在世界领域内与别国一较高下，这些高科技互联网企业正试图与文化产业实现有益性融合，成为一个兼具内容负载和价值观传递的平台。这也透露出一个信号，主流价值观的传播与建构不能忽视互联网媒体的存在，甚至应该重视其在传播与建构中将发挥出越来越重要的作用。

在美国、英国等西方发达国家,主流媒体在互联网领域中始终是内容的主要提供商,处于绝对领导的地位,在中国,这种格局却是另外一番景象。受访者 S66 认为:"虽然媒体融合的口号在中国喊了不少年,但是主流媒体在互联网领域的内容提供上,依然只是占比很小的一部分,大量的自媒体或者自媒体公司在互联网领域拥有自己的发言权和影响范围,这个范围动辄就是上千万的粉丝量或者点赞量。我们都清楚,文化内容消费的过程其实就是价值观实现传播的过程。中国主流媒体在互联网领域的'部分失语'或者'集体失语'都会影响其的权威性和传播影响力。"因此,在网络文化平台的假设中,我们一方面要鼓励和支持主流媒体在互联网领域占领一定的话语权地位,另一方面要对现有的自媒体和自媒体公司进行内容和价值观的监督与引导。

首先,主流媒体的媒体融合之路要加快步伐,走得更加实在与有效。近年来,多档综艺节目,例如《中国好声音》《爸爸去哪儿》《奔跑吧,兄弟》《乘风破浪的姐姐》,都在内容创新和传播渠道创新上实现了突破,赢得了较好的口碑。这些节目积极与互联网媒体融合,与视频网站、移动社交媒体等实现互助式联动,通过多渠道、多方式的手段进行节目营销,成功地使品牌力和价值观获得了释放,有效传播了主流价值观。这也提示其他主流媒体,一定要在"内容为王"层面上下狠功夫,并学会利用互联网媒体来实现内容传播的最大化和价值观传递的有效化。

其次,加强网络监管,对网络空间的言论表达和价值走向进行适度引导很有必要。看似自由平等的网络空间背后,其实存在着不同文化势力、动机、隐性资本的博弈和较量，这就会导致网络空间存在靠吸引眼球的造势活动搞网络围观的现象，以及讥讽主流价值体系等对抗性现象的存在。受访者 S69 认为："在保证主流价值观公信力和权威性的前提下，我们对网络空间的言论表达和价值走向进行引导需要顺应受众的心理诉求和社会期待，以贴近受众的方式引导舆论向主流价值观的走向上趋近。同时，对网络空间出现的不和谐声音及时进行疏通和引导，充分发挥政府在网络舆论监督层面的作用。"

第八章　墙内开花墙外香：推进国际传播能力建设

国际传播能力往往决定着一个国家话语空间的竞争力，是各国综合国力竞争的主要目标之一。在当前全球文化竞争的格局中，强势文化往往占据标准制定者的地位，牢牢掌控着国际文化话语权，把价值观的传播优势牢牢控制在自己手中。正因如此，将国际传播能力提升至国家文化战略的高度，关乎一国的文化自信，无论在理论层面还是实践层面都十分重要。

从全球国际传播能力的历史维度来看，尤其是文化传播能力的角度来讲，其本质上是不同文明之间冲突、碰撞的过程，最终实现文明的交融和超越。受访者 S83 认为："东汉以来佛教文明与华夏文明碰撞后影响了中华文明的走向，古希腊罗马文明和拉丁文明碰撞后奠定了现代西方文明的基础，1840年以来的西学东渐又深刻影响了中华文化。在当前全球文化冲突与交融的时代，文化供给要面临并且解决好中华文化和外来文化的冲突与交融的问题，才能最终唤起深度全球化时代人民群众的共鸣，最终走出去，获得国际社会的认同。"文化供给要弘扬中华优秀传统文化中具有现代价值的善良、勤俭、谦卑等美德，在文化共通性中彰显文化亲和力，这样不仅容易增强人们的文化获得感、幸福感，而且也为走向世界奠定坚实的基础。

习近平总书记曾强调："讲好中国故事，传播好中国声音，展示真实、立体、全面的中国，是加强我国国际传播能力建设的重要任务。要深刻认识新形势下加强和改进国际传播能力建设，形成同我国综合国力和国际地位相匹配的国际话语权，为我国改革开放稳定营造有利外部舆论环境，为推动构建人类命运共同体做出积极贡献。"这其实表明了我国在推进国际传播能力建设层面的强大决心。

回顾党的十八大以来，我国确实在推动国际传播能力建设层面做出了不少努力，取得了不少成果。例如，我国积极打造具有国际影响力的媒体集群，积极推动中华文化走出去，有效开展国际舆论引导和舆论斗争，初步构建起多主体、立体式的大外宣格局，国际话语权和影响力显著提升，在中国主流价值观的传播和建构层面取得了积极的成效，但是我们依然要清醒地认识到，我国的国际传播能力与其他西方发达国家的国际传播能力还存在不小的差距，需要继续努力。

第一节 讲好中国故事

习近平总书记曾多次强调："中华文明绵延数千年，有其独特的价值体系。中华优秀传统文化已经成为中华民族的基因，植根在中国人内心，潜移默化影响着中国人的思想方式和行为方式。今天，我们提倡和弘扬社会主义核心价值观，必须从中汲取丰富营养，否则就不会有生命力和影响力。"中国主流价值观的传播与建构首先要立足于我国深厚的传统文化根基，向世界讲好中国故事，传递好中国声音。

在成为地球村的当下，身处全世界范围内的各个国家和地区的公民都不可避免地受到外来文化和多元化思想的影响，坚守自身的精神家园，坚持自己的文化身份和主流价值观就变得越来越重要。习近平总书记说："深入挖掘和阐发中华优秀传统文化讲仁爱、重民本、守诚信、崇正义、尚和合、求大同的时代价值，使中华优秀传统文化成为涵养社会主义核心价值观的重要源泉。"这其实就是在告诉我们，要不断汲取中华优秀传统文化尤其是儒家文化的精髓，与马克思主义基本原理相结合，与中国特色社会主义的新时代精神价值相融合，合理吸收外来文化的优秀成分，才能显示出独特的文化生命力。文化供给只有植根于这样的文化生命力，才能凸显自身在国际政治、经济和文化竞争格局中的文化自信。

一个国家、一个民族对文化价值的追求是人民最深层次的心灵向往和精神追寻。要重视人民对中华优秀传统文化的诉求，深度挖掘其价值，与新时代精神深度融合，形成新的民族文化精神。受访者 S8 认为："讲好中国故事，要将我们自身的文化和价值观融入这些故事中，力图结合平凡人物日常生活的点点滴滴，在'春风细雨中'展示出来。我们在挖掘中华优秀传统文化的同时，不能排斥外来文化，应该通过深度融合使得外来文化本土化，最终使自身焕发出更加强大的生命力。中国在讲好故事的同时，也要注意对本土文化和外来文化的兼容并蓄，使得中国主流价值观焕发出强大的魅力和吸引力。"

北宋陈东说："爱国而忘其家，爱君而忘其身，爱道而忘其位，爱义而忘其死。大节清风，昭回史籍，贯彻宇宙，君子之事于是乎毕。"笔者认为，这种精神和气节值得我们每一个中国人深藏在心灵深处。中华优秀传统文化提出的价值理念表达了人类共同的道德基础，非常具有现代价值和世界意义。讲好中国故事，要更多地融入这些价值观念，为人民群众提供相对独立的精神家园。我们在讲中国故事的时候要将优秀传统文化与当代中国人的精神世界相连接，不仅要有宏大的叙事，更要善于捕捉日常生活中细微的叙事表达、人物之间精微的情感交流。

文化是一个国家、一个民族的精神价值和最深刻的乡愁，文化自身的品格、活力和积淀反映了一个社会强大的内在力量。我们要把中华优秀传统文化所体现的民族气质和文化精髓深度提取和展示出来，与社会主义核心价值观相融合，触及中国当代社会文化的内核和灵魂，熔铸成中国主流价值观，融入我们的中国故事里。受访者 S75 认为："中华优秀传统文化潜移默化地影响着人们的道德水准和行为规范，文化供给要让人们在文化产品的互动传播中体验到文化认同的情感共鸣，净化人们的心灵。中华民族的文化自信期盼着中华优秀传统文化的崛起，高质量的文化供给要满足中国人内心深处对传统文化价值的追思，复活中华优秀传统文化强大的生命力。"

习近平总书记指出："中华优秀传统文化是中华民族的文化根脉。"只有重视中华优秀传统文化的传播和发展，才能涵养国人的伦理道德。受访者 S54 认为："我们可以从三个层面来涵养国人的伦理道德，实现主流价值观的传播与建构：一是推崇崇德尚义的伦理观。儒家文化重视人的人格养成和品格修养，认为这是人的立身之本。孔子认为仁爱和善待他人是一种优秀的品质，要像对待家人一样对待他人，凡事站在他人的角度思考问题，不强行把自己的意志强加于人，在社会交往中崇尚互相尊重，从家庭的伦常关系出发建立以仁爱为核心的伦理道德。二是提倡崇贤重道的教育观。尊敬师长,重视教育是儒家重要的文化理念。儒家重视教育在社会发展、人格完善方面的重要作用,其修齐治平、格物致知、德育优先等教育理念为素质教育提供了宝贵的思想资源,在以人为本、终身教育等教育思想的确立过程中起着重要作用。三是倡导勇于担当的责任意识。从孟子的'以天下为己任'到范仲淹的'先天下之忧而忧,后天下之乐而乐',再到顾炎武的'天下兴亡,匹夫有责',都突出了勇于担当的责任意识,在中国历史上鼓舞和激励了无数仁人志士,在当今时代也具有至高的价值。文化供给要以涵养国人的伦理道德为己任,以高文化含量的作品、真挚的道德情怀向社会传递责任担当的风骨,推动优秀传统文化融入当代社会。"

在全球化时代,要提升文化自信,既要继承传统,又要文化创新;既要深度寻找自我,又要在行动中创造一个全新的自我。这就需要做好中华优秀传统文化的深度挖掘、创造性转化和创新性发展。受访者 S80 认为:"中华文化博大精深,齐鲁文化、燕赵文化、岭南文化、吴越文化等各不相同,这些都是构建话语空间的要素。讲好中国故事一定要体现出中国特色、中国风格、中国气派:一方面要坚定立足中华文化,这样才能在国际文化竞争中有比较优势;另一方面要融合外来文化,以具有鲜明中华文化特色的国际话语讲述中国故事。只有这样,才能把当代中国的发展进步和当代中国人的精彩生活表现好、展示好,把中国精神、中国价值、中国力量阐释好。"

伴随着国际文化交流和人民交往日益增多,文化产品作为文化传播的重要载体,应该发挥文化消费群体日益增多、影响力大的优势,承担起国家形象传播的重要使命。受访者 S33 认为:"近年来,中国文化产品有很多成功的对外传播案例，这充分说明中国故事的吸引力在增强，但应该看到，我国距离文化强国还有一定的差距，文化产品在海外文化传播中的话语权有待进一步加强，这与我国不断上升的经济实力和国际地位以及人民日益增长的文化需求不相适应。文化供给肩负拓展中华文化话语空间的重要使命，就要在立足民族传统文化的同时，与新时代精神相融合，广泛结合普遍认可的文化基因，在保障文化安全的基础上，拓展话语空间，实现中国故事的国际表达，展示中国文化软实力。"受访者 S12 认为："讲好中国故事，一是要有好的故事，二是要有讲故事的人，三是要有讲故事的平台。我们要利用好侨务文化工作在这方面积累的深厚经验。海外侨胞融汇中西，比国内更加了解海外各地的风土人情和欣赏习惯，也比住在国民众更加了解中华文化和当代中国；他们更容易听懂中国故事，也更容易将中国故事用当地民众听得懂、接受得了的方式传播出去。他们是中国故事最积极的讲述人，也是最有效的讲述平台，把好的中国故事讲给更多人听，让更多人听进去、记得住。"

第二节　争取国际话语权

在争取国际话语权的过程中，我们一方面要增强自身的文化软实力，另一方面要利用和团结好海内外的中华儿女一起为中国主流价值观的传递贡献力量。

团结统一的中华民族是海内外中华儿女共同的根，博大精深的中华文化是海内外中华儿女共同的魂，实现中华民族伟大复兴是海内外中华儿女共同的梦。根、魂、梦就是海内外中华儿女的"最大公约数"。受访者 S77 认为："华人华侨是中华文明和民族精神的重要继承者、传播者和展示者。随着中国综合国力和国际地位的提升，华人华侨与祖国的联系更加紧密，民族认同和文化认同显著增强。遍布世界各地的 2 万所中文学校，数万个华侨华人社团，上千家华文媒体，各地独具特色的唐人街、中餐馆和中医诊所，红红火火的春节等民族节庆活动，都直观地向世界传递着中国文化气息。鼓励华人华侨积极传承和传播中华文化，充分发挥侨务资源的独特优势，大力开展中外文化交流，对于增强中华文化的亲和力、感召力，提升中国文化软实力，具有十分重要的意义。"

长期以来，数以千万计的华人华侨在海外不同的政治、经济、文化、宗教环境中顽强生存，仍能保持鲜明的文化传统和民族气质，显示了中华文化的强大生命力，也展现了海外华人华侨强烈的文化自信。受访者 S63 认为："我们要引领和巩固海外华人华侨对中华文化的自信心，向世界展示中华文化的独特魅力，促进中外文明的相互欣赏、相互尊重和相互交流，提升中华文化的感染力和影响力，同时也为华人华侨在海外的生存发展营造出更加宽松适宜的人文环境。"

受访者 S68 认为："20 世纪 80 年代中期，国务院侨办就开始组派文艺团组走出去赴海外开展慰问侨胞、推广中华优秀文化的工作。从 2009 年起，整合协调各方资源，推出'文化中国'系列大型文化慰侨活动，其中规模和影响最大的当属'文化中国•四海同春'。'文化中国•四海同春'已享誉海内外，连年被中宣部列为春节中华文化走出去三大国家级文化品牌之一，受到海外侨社的热烈欢迎。我们还利用中秋、国庆以及国外的重大节庆时点，选派高水平的'文化中国'艺术小组赴海外支持参与侨社大型文化活动。'文化中国'已成为海外侨社和当地社会识别度、认可度很高的高端中华文化品牌。"

在推动中华优秀文化走出去的工作实践中我们深深地体会到，中华优秀文化不仅要走出去，更重要的是要走进去、融进去，要走进海外民众的生活，让当代中国的价值观念能够为海外民众所理解、欣赏和接受。受访者 S19 认为："随着中国综合国力的提高和海外侨社结构的更迭，当代中国的主流价值观逐渐成为海外侨社的主流价值观，海外侨社组织和推广中华文化的积极性和能力都有了质的提高，高水平、大规模的侨社文化活动开始呈现遍地开花的态势，成为侨胞居住地多元文化的重要组成部分。我们不仅要积极推动中华文化通过'侨'的桥梁走出去，更能通过'侨'的资源促进中华文化走进、融入世界各地民众的生活，融入当地社区、融入主流社会和主流文化，这是侨务部门在对外文化工作中不可替代的优势。"那么，如何利用好"侨"的优势推动中华优秀文化在海外落地生根、开花结果呢？受访者 S11 认为："积极鼓励和引导海外侨社开展中华文化海外传播的本土化建设，实现落地生根的创新工作目标。以授牌名义积极推动海外侨社整合当地优质文化资源、组织团结侨界各方文化力量成立华星艺术团，组建以'侨'为平台，推广中华优秀文化的海外工作体系。2017 年、2018 年春节，在统筹引导下，全球的华星艺术团连续两年联合推出'文化中国·华星闪耀'大型文化活动，包括巡游、庙会、综艺晚会、音乐会、快闪等各种形式的活动在全球各地陆续登场，此起彼伏，高潮不断，观众难以计数。这些活动非常接地气，由侨胞们自己创意策划、自己组织演出，邀请当地各族裔文艺团体和艺术家共同参与，不仅深受侨胞们喜欢，也带动了身边的各族裔同事、邻居、朋友共同庆祝中国新年。"受访者 S17 认为："引导侨社本土化文化力量的整合和发展，不仅打造了中华文化宣传队，而且能够因地制宜、加深当地民众对中华文化的认知和接受，体现的是当代中国亲、诚、惠、容的理念和人类命运共同体的价值观。当尼日利亚的黑人姑娘们神情庄重地跳起《千手观音》、当巴西的华人与土著小伙共同舞起龙狮、当悉尼 30 万人观赏中国灯会、当伦敦 70 万人在特拉法加广场参与中国新年庆典时，我们会深切地感受到，当代中国价值观的亲切形象，正通过海外侨社常年不断的文化活动，潜移默化地影响着世界对中国人、中华文化和当代中国的看法。"受访者 S33 认为："广大华人华侨和归侨侨眷是坚定文化自信的自觉践行者，是推动新时代中国特色社会主义文化繁荣发展的积极参与者，是扩大当代中国主流价值观影响力的重要传播者。我们要积极助力中华文化走出去、走进去、融进去，在促进民心相通、推动'一带一路'和人类命运共同体建设方面做出更加扎实的努力。"

习近平总书记在亚洲文明对话大会上指出，人类面临的全球性挑战更加严峻，需要世界各国齐心协力共同应对。在应对共同挑战的过程中，我们既需要经济科技力量，也需要文化文明力量。具体到中华文化的对外传播上，我们既要顺应各种文明交流互鉴的发展大势，又要重视不同思想文化相互激荡的现实挑战。这就要求我们在中华文化对外传播中，不仅要深入交流、互学互鉴，而且要深入分析面临的挑战，在思想激荡的现实中不断提升中华文化的影响力和感召力，为构建人类命运共同体的人文基础做出贡献。

近年来，中华文化对外传播交流日益增多，孔子学院在世界各国纷纷设立，中国声音成为国际舆论关注的重要话题。受访者 S68 认为："国际社会对中华文化的关注前所未有，但其在传播过程中还存在不少因文化差异而导致的认知隔阂。这种认知隔阂会导致中华文化在对外传播过程中出现价值错位，即中国意图传播的文化价值与外域接收或反馈的文化价值存在错位。例如，《战狼 2》这部影片在对外传播中，被西方的个人英雄主义价值解读为优先抢位，偏离了我们原指中国军人的正义刚正形象和中国军队的国际责任之首要价值；《刮痧》中呈现的中医文化的民间智慧却被西方人错误理解为严重的家庭暴力。"受访者 S73 认为："很多中华文化概念和词语在外译过程中也会存在很大的反差，社会主义核心价值观的 12 个词语就是典型。譬如，同样是自由、民主，但要向西方讲清楚中国特色社会主义的自由价值观、民主价值观的内涵就必须下很大的功夫，才能改变其固有观念和认知惯性。诸如此类，在中华文化传播的原意与外域评价之间存在的间距就是认知隔阂的表现。造成这种认知隔阂的原因，既有文化传播过程中的信息损耗与冗余，但更主要的是中外文化与价值理念的巨大差异。由于文化传统和主流价值观的不同，外域文化与中华文化在价值观内核等方面还存在或多或少的差异。因此，中华文化在对外传播过程中难免会造成一些误解和偏差。"

那么，针对中华文化对外传播的认知隔阂问题，应该如何来解决，从而实现中华文化及其价值观的有效传播呢？受访者 S78 认为："一是要树立平和心态。客观对待和承认其存在的客观性，主动接受外域文化与中华文化的差异，并在包容差异的基础上创新对外文化传播的话语表达方式，研究国外不同受众的习惯和特点，采用融通中外的概念、范畴和表述方式，尽可能克服中华文化传播进程中的认知错位和价值误解，从而有效推进中华文化传播与价值传递。二是要加强国际沟通。在文化对外传播过程中，尽量用沟通的方式取代单纯传递，把自己讲和外人讲有机地结合起来，使中华文化更多地为国际社会和海外受众所认同。优化官方层面沟通、民间层面沟通，树立大沟通工作理念，统筹发力，发挥沟通的理解效果，从而尽可能地减少不同文化差异导致的认知隔阂。只有这样，才能减少西方国家对中华文化的偏见与傲慢，为打破文化交往的认知壁垒和促进民心相知相通提供中国力量。"

中华文化的对外传播，还存在着文化本身以及文化背后所承载的价值被解构的情形，必须予以高度警惕。受访者 S81 认为："这里的解构存在着载体解构与他者解构两种类型。所谓载体解构是指文化传播载体对中华文化与价值所进行的解构。例如，近年来我国的抗日神剧、宫斗剧在海外市场的传播，由于影视剧剧情需要而导致神化色彩浓重，追求外表光鲜而失去了文化与价值的内在灵魂，出现了对我国革命文化和传统文化严重扭曲甚至污名化现象。所谓他者解构是指在中华文化的对外传播中，一些国外文化主体由于受到中国逐渐强起来的'中国威胁论'的错误渲染，抓住民主人权、民族宗教等西方国家对我们存在认知错位的关键问题，借助自身强势的传媒手段和传播能力，恶意对中华文化进行曲解和抵制，达到维护自身文化霸权地位和实际利益的目的。"因此，我们在传播中华文化和中国主流价值观的过程中，要时刻警惕历史虚无主义思潮的侵扰，把国际话语权牢牢地掌握在自己的手中。受访者 S81 认为："无论是载体解构还是他者解构，实质上都是历史虚无主义思潮的表现。前者是受市场利益的直接驱使，以载体形式从内部实现对中华文化及其价值的自我解构；后者是受西方文化霸权、强权政治的影响，利用技术传媒等手段进行强有力的价值解构。因此，我们既要透过现象抓住本质，针锋相对地揭穿历史虚无主义背后的真实意图；又要讲究策略，有理有力有节地实现对历史虚无主义的有效应对。"受访者 S56 认为："我认为在争夺国际话语权的时候，必须加强对外传播话语体系建设，自主设置议程提升中华文化传播的影响力与美誉度。中华文化传播什么、如何传播需要由我们自己来设置，不能随市场经济的大流，也不能受西方强权政治的压迫。自主设置中华文化对外传播议题，将博大精深的中华文化形成传播议题，用好新闻发布机制、高端智库交流渠道、重大活动和节展赛事平台、中华传统节日载体、海外文化阵地等多种文化形式，使中华文化及其价值以国际表达的形式对外传播，赢得全球关注和响应，打造若干个拥有全球影响力的文化高地，从而主动破解中华文化对外传播的载体解构与他者解构难题，彰显中华文化和合共生、美美与共的价值魅力。"

近年来可喜的变化是：党的十八大以来，党和国家高度重视提升国际话语权，做出了一系列理论阐述、顶层设计、战略规划和制度安排。2013年，习近平总书记在全国宣传思想工作会议上指出："着力打造融通中外的新概念、新范畴、新表述，讲好中国故事，传播好中国声音。"2016年，习近平总书记在党的新闻舆论工作座谈会上强调，要优化战略布局，着力打造具有较强国际影响的外宣旗舰媒体。同年，习近平总书记在哲学社会科学工作座谈会上提出，加快构建中国特色哲学社会科学学科体系、学术体系、话语体系，提高我国在国际上的话语权。2021 年 5 月 31 日，习近平总书记在主持中共中央政治局第三十次集体学习时强调，"下大气力加强国际传播能力建设，形成同我国综合国力和国际地位相匹配的国际话语权"，"必须加强顶层设计和研究布局，构建具有鲜明中国特色的战略传播体系，着力提高国际传播影响力、中华文化感召力、中国形象亲和力、中国话语说服力、国际舆论引导力"。上述事实充分表明党和国家对外交话语体系和国际传播能力建设的重视程度。受访者 S81 认为："面对当前的全球话语格局，我们应从六个方面加强国际传播能力建设，争夺国际话语权：一是政策引领，推动对外话语体系的制度化、规范化建设。当前，我们应全面推动国际议题设置能力、国际舆论引导能力和制度性话语权建设；应将机构设置、制度安排、传播模式、话语平台、多边机制，以及首脑外交、战略对话、高层会晤、外交演讲、新闻发布、白皮书发表、署名文章、人文交流等方面有机地结合起来，加快构建具有鲜明中国特色的战略传播体系。二是精准传播，推动对外话语体系的差异性、分众化建设。针对不同地区、不同国别的语言文化差异、发展现状和对外关系情况，要强化受众意识，加强对外话语体系的精细化和差异性建设。对外话语体系可细分为全球外交、大国外交、周边外交、对发展中国家外交和多边外交五个话语子系统。我们应努力构建与对外话语体系相适应的分众化构建、分众化翻译、分众化传播和分众化实践模式。三是求同存异，推动对外话语体系的多边化、区域化建设。近年来，中国除借助传统的双边外交渠道外，还特别重视在提升国际话语权时践行多边主义，重点发挥联合国等国际组织的多边平台作用。短短几年，人类命运共同体理念被多次写入联合国等国际组织的重要决议，成为一个具有广泛认同性的国际准则和全球愿景，其产生的国际话语权实践效应主要是在联合国等多边场合唱响的。四是与时俱进，推动对外话语体系的多模态、信息化建设。我们应切实做好多模态、多语种外交语料库建设，加快推进对外话语体系的国家大数据战略。应采用先进的人工智能、自然语言处理技术、机器翻译模型和语料库技术，加快推动对外话语体系的信息化建设，为我国的国际话语权提供强大技术支撑和传播平台。要通过发挥对外宣传、舆情监测、政策分析、人才培养和科学研究等多种功能，为国际话语权研究的理论升华提供信息反馈和数据分析，发挥思想库、智囊团作用。六是融通中外，推动对外话语体系的故事化、形象化建设。在对外话语体系建设中，既要体现外交话语的自信心和民族性，又要注重外交话语的融通性和国际化。要寻找双方对话的共鸣点、'最大公约数'，求同存异、求同化异，实现中国特色、国际表达，达到民族性与国际化的高度统一。要不断强化受众意识，推动我国外交叙事的故事化、形象化构建。要构建和优化外交叙事框架与模式，以增强外交话语的吸引力和影响力。应加强修辞能力建设，不断创新外交话语的叙事模式。在中国特色大国外交形象塑造中，应坚持统一规划、区别对待的原则，有效传播中国形象，回应国际关切。"

第三节　优化国际传播战略布局

习近平总书记曾强调："要深刻认识新形势下加强和改进国际传播工作的重要性和必要性，下大气力加强国际传播能力建设，形成同我国综合国力和国际地位相匹配的国际话语权，为我国改革发展稳定营造有利外部舆论环境，为推动构建人类命运共同体做出积极贡献。"加强我国国际传播能力建设，优化国际传播战略布局，是中国特色社会主义新时代的紧迫任务，是世界百年未有之大变局提供的历史机遇。那么，如何来加强和改进我国国际传播能力建设，优化国际传播战略布局呢？笔者认为可以从以下几个层面进行努力实践和尝试：

一是回应中国特色社会主义新时代要求，在加强国际传播能力建设上加大力度。受访者 S7 认为："正如习近平总书记所言，我国在国际传播场域中存在着'三差'问题，即信息流进流出的逆差、中国真实形象和西方主观印象的反差、软实力和硬实力的落差，这与我国创造的巨大成就不匹配，形成了鲜明的对比。在日益媒介化的现代社会，传播已经成为一种普遍的人类活动，传播力决定着影响力，不发声就没有影响力。因此，要下大气力加强国际传播能力建设，加快提升中国话语的国际影响力，让全世界都能听到并听清中国声音。"受访者 S11 认为："积极主动地加强我国国际传播能力建设，是中国共产党立足于中国特色社会主义新时代的历史方位，对时代重大问题的积极回应。当下，我国处于最好的发展时期，国际社会对我国的关注提升到前所未有的高度。西方社会诸多有识之士客观地评价中国对于世界发展的这一深刻影响，并对未来积极展望。中国是世界上发展最快的国家之一，从一穷二白到世界第二大经济体，中国的经济、政治、社会、文化、生态发生着翻天覆地的变化，世界需要认知崭新的中国形象；中国是世界上坚持和发展社会主义追求共同富裕的国家，中国共产党领导中国人民艰苦奋斗走过 100 多年的光辉历程，世界需要了解独特的中国道路。"当下，中国雄厚的经济实力，不仅为我们大力加强国际传播能力建设提供了雄厚的物质基础和向全球传播中国声音提供了丰富的精神内涵，也为加强国际传播能力建设提供了实力保障与提升空间。

二是抓住世界大变局的时代机遇，积极探索国际传播的中国经验。当前，国际传播正经历大变局，而变局不仅意味着挑战，而且充满着机遇，因为它往往孕育着新的理念，产生新的实践。受访者 S9 认为："在国际舆论场中，我国力图将自己的声音成为重塑全球传播秩序的新力量。坚持胸怀天下，是中国共产党的重要历史经验之一。在当今国际传播场域中，中国强调的是基于全人类同呼吸共命运理念的多元化传播实践。在与西方力量的对比中，奋斗的中国向世界贡献了一个成功的样板，为向世界传播中国奠定了深厚的底蕴，鼓足了发展底气；在全球纵深视野下，崛起的中国深刻影响着世界历史的进程，也为如何向世界讲述中国共产党和中国人民所书写的恢宏史诗提供了丰富的传播素材。"受访者 S21 认为："近年来，我们大力推动国际传播守正创新，理顺内宣外宣体制，打造具有国际影响力的媒体集群，积极推动中华文化走出去，有效开展国际舆论引导和舆论斗争，初步构建起多主体、立体式的大外宣格局，我国国际话语权和影响力已显著提升。中国倡导的构建人类命运共同体理念和讲好中国故事的国际传播实践，已经成为国际传播新格局中的强大正能量。"

三是充分释放网络新媒体的赋能效应，全面提升我国的国际传播效能。新时代是媒体和传播发生剧烈变革的时代。在全球国际传播舆论场中，全面提升传播效能，除了发力之外，关键还要把握"巧"字，在传播中充分发挥中国智慧之"巧"。受访者 S18 认为："加强国际传播能力建设，最重要的能力就是要根据新的国际传播场域中媒介属性的变化,把传播战略的重心转移到新媒体平台中,要把提高国际传播能力建立在新的传播思维之上。新媒体时代的国际传播呈现自由化、移动化、社交化、平台化、节点化、圈层化、技术化的复杂传播特点,更强调'巧'实力和'巧'传播。"受访者 S27 认为:"我国在传播主体上有着巨大的数量优势。当前,我国是全球网民数量第一大国,10 亿网民不仅为中国新媒体的进一步发展提供了潜能,也为在国际传播中展示真实、立体、全面的中国,讲好中国故事,提供了不可限量的潜力。在新媒体语境下,大众传播活动已经发生诸多变化,适应新媒体平台特质的文化、娱乐、生活等话题更容易受到网民的青睐。"受访者 S19 认为:"提高我国国际传播能力的关键在于中国故事的多元化、丰富性、个性化、在地化的话语转化,中国故事需要大胆释放传播话语的想象力。在全球传播场域中,用户已经发生了明显的迭代现象,在数字环境下成长起来的青少年,不仅是新媒体用户中的主体,也是传播的主体力量。这就意味着我们在优化国际传播布局的过程中,不得不考虑和重视这个传播主体的存在,为当代中国主流价值观注入新生力量。"

四是抓住数字化信息技术的优势,做好国际传播战略布局的规划。从当下的全球格局来看,我国互联网与数字产业迅速崛起,显示出了强大的后发优势。据中国网络空间研究院于 2021 年底发布的《世界互联网发展报告 2021》显示:我国互联网发展指数得分仅次于美国,排名世界第二。先进的数字化信息技术不仅可以为优化国际传播布局提供强有力的技术支撑,而且可以为优化我国国际传播战略布局提供更好的选择空间。受访者 S13 认为:"借助先进的数字化信息技术,我们要着力打造一批具有强大引领力、传播力、影响力的新型主流媒体，更加鲜明地展现中国思想，更加响亮地提出中国主张，让世界各国人民了解中国的变化、感受中国的发展。打造具有国际影响力的媒体集群，深化媒体交流合作，更好地发挥高层次专家作用，利用重要国际会议论坛、外国主流媒体等平台和渠道发声，充分争取国际社会的理解和支持。"受访者 S17 认为："我们要利用数字化信息技术，为构建对外传播话语体系创造更好的平台。丰富呈现内容，全方位展示中国道路、理论、制度、文化，将传播的内容拓展到经济、政治、文化、社会、生态、科技、军事等各方面，在讲好中国制度故事的同时讲好中国人的故事。创新对外话语表达，在立足我国深厚的历史文化积淀的基础上，坚持陈情与说理并重，突出情感交流，激发心灵共振，实现情感共鸣，用国外受众喜闻乐见的形式展示中国文化，阐释中国价值。"

受访者 S36 认为："中国主流价值观的传播与建构不仅要整合内容，而且要整合不同传播渠道，在充分发挥各渠道优势的同时，协同互动、同向同行，形成全方位、立体化的传播模式。要主动将隐性传播与显性传播、差异化传播与大众性传播结合起来，利用好数字化信息技术的优势，形成新时代中国主流价值观对外传播大格局，为推动文明交流互鉴创造中国范例，书写走向世界的新辉煌。"

参考文献

中文文献

1. 张立勤. 泛娱乐化浪潮与主流价值观传播：从"追星女"悲剧谈起[J]. 中国记者，2007（05）.

2. 茅佳妮. 无限数字广播网引领主流价值观传播的新变革：东方明珠移动电视世博宣传效果凸显[J]. 中国广告，2010（10）.

3. 杜淦焱. 主流价值观的创新传播方式：浅析娱乐节目在传播主流价值观中的作用[J]. 新闻界，2011（05）.

4. 崔平. 论主流价值观在新闻中的有效传播[J]. 采写编，2012（06）.

5. 钱蔚. 坚持特质 讲好中国故事：央视综合频道主流价值观传播的创新之路[J]. 中国记者，2015（04）.

6. 舒畅. 主流价值观传播的策略选择[J]. 新闻战线，2015（15）.

7. 马翔. 新媒体传播转型视阈下的主流价值观建构[J]. 西部广播电视，2016（05）.

8. 欧阳雨婷. 新媒体对提升大学生主流价值观传播效果研究[J]. 新

闻研究导刊，2016（07）.

9. 刘秉银. 媒体娱乐化对主流价值观的冲击及对策［J］. 青年记者，2016（26）.

10. 潘月. 新媒体如何传播主流价值观［J］. 新闻世界，2017（02）.

11. 匡艳丽. 新媒体时代大学生主流价值观培育认同的技术路径［J］. 中国广播电视学刊，2018（09）.

12. 宋建武，黄淼. 信息精准推送中主流价值观的算法实现［J］. 新闻与写作，2018（09）.

13. 李玥. 网络媒体弘扬主流价值观路径探讨信［J］. 中国记者，2019（05）.

14. 贠琪. 短视频传播主流价值观的新路径［J］. 人民论坛，2020（17）.

15. 李晶. 美国主流价值观全球传播的循环逻辑及其威胁［J］. 国际传播，2020（04）.

16. 李云. 融媒体纵深发展对于主流价值观传播的影响［J］. 视听，2021（02）.

17. 叶洋. 算法推荐与主流价值观的传播［J］. 传媒论坛，2021（04）.

18. 高子涵. 融媒体时代电视传播主流价值观的路径拓展：解读《电视媒体与社会主义核心价值观传播研究》的无形力量［J］. 新闻爱好者，2021（07）.

19. 王秋萍. 从"建党百年"宣传看全媒体语境下主流媒体实现主流价值观传播的有效路径［J］. 中国广播电视学刊，2021（10）.

20. 赵婉华. 高校在弹幕视频网站主流价值观的传播策略：基于哔哩

哔哩网站 [J]. 传播与版权，2022（03）.

21. 李德顺. 谈谈当前的价值观念变革 [J]. 学习与研究，1993（08）.

22. 郭凤志. 价值、价值观念、价值观概念辨析 [J]. 东北师大学报（哲学社会科学版），2003（06）.

23. 肖荣. 整体互动论：独树一帜的传播模式 [J]. 徐州师范学院学报，1992(03).

24. 江畅. 公众对我国主流价值文化的期待及其启示 [J]. 华中科技大学学报，2013（05）.

25. 熊澄宇，廖毅文. 新媒体：伊拉克战争中的达摩克利斯之剑 [J]. 中国记者，2003(05).

26. 芮必峰，张冰清. 新的传播权力呼唤新的社会责任：以"合肥少女毁容案"的网络传播为例 [J]. 新闻记者，2012（04）.

27. 王晓德. 美国大众文化的全球扩张及实质 [J]. 世界经济与政治，2004（04）.

28. 赵婧. 试论我国主流媒体对当代社会主流价值观的传播 [D]. 东北师范大学，2011.

29. 张语珂. "快资讯"时代的"慢新闻"策划制作与主流价值观传播研究 [D]. 云南师范大学，2014.

30. 周浩. 共青团中央在哔哩哔哩网站的主流价值观传播策略研究 [D]. 河北大学，2019.

31. 黄梦颖. 我国短视频新闻主流价值观表达及创新路径研究 [D]. 南昌大学，2020.

32. 林晖. 断裂与共识：网络时代的中国主流媒体与主流价值观构建 [M]. 上海：复旦大学出版社，2013.

33. 王慧. 我国主流媒体社会主义核心价值观舆论场建设研究 [M]. 北京：社会科学文献出版社，2016.

34. 蒋述卓. 流行文艺与主流价值观关系研究 [M]. 广州：暨南大学出版社，2018.

35. 范玉刚. 全球文化影响下中国主流文化价值观的建构与传播 [M]. 上海：上海交通大学出版社，2021.

36. 方爱东. 当代中国主流价值观话语权生成机制研究 [M]. 北京：光明日报出版社，2021.

37. 李德顺. 价值观 [M]. 北京：中国人民大学出版社，2007.

38. ［法］雷蒙·布东. 价值观溯源：信念的哲学与社会学追问 [M]. 邵志军译. 南京：江苏凤凰教育出版社，2014.

39. ［英］泰勒. 原始文化 [M]. 连树生译. 上海：上海文艺出版社，1992.

40. ［英］安东尼·吉登斯. 失控的世界：全球化如何重塑我们的生活 [M]. 周红云译. 南昌：江西人民出版社，2001.

41. ［美］伯纳德·奥斯特利. 文化联系 [M]. 许春山译. 北京：社会科学文献出版社，2008.

42. ［英］罗素. 人类的知识 [M]. 张金言译. 北京：商务印书馆，1983.

43. 陶丹，张浩达. 新媒介与网络广告 [M]. 北京：科学出版社，2001.

44. 蒋宏，徐剑. 新媒体导论 [M]. 上海：上海交通大学出版社，2006.

45. [美]尼克松. 1999：不战而胜 [M]. 杨鲁军译. 上海：三联书店，1989.

46. 李强. 中国社会价值观变迁30年 [M]. 北京：中国社会科学出版社，2008.

47. [英]卡斯特. 传播力 [M]. 汤景泰，星辰译. 北京：社会科学文献出版社，2018.

48. 南帆. 文学理论新读本 [M]. 杭州：浙江文艺出版社，2002.

49. 邵培仁. 传播学 [M]. 北京：高等教育出版社，2007.

外文文献

1. Liren Beniamin Zeng. The Cultural Connection[J]. Ethics and Information Technology, 2000(03).

2. Robert J. Lieber, Ruth E. Weisberg. Globalization, Culture, and Identities in Crisis[J]. International Journal of Politics, Culture and Society, 2002(11).

3. Carolyn A. Lin. Culture and Anarchy[J]. Stud Philos Educ, 2001(05).

4. Zhang Jing, Sharon Shavit. Culture:A Critical Riview of Concepts and Definitio[J]. Journal of International

Entrepreneurship, 2003(05).

5. Zhang Yanbing, Jake Harwood. Cultural Cooperation: Keynote of the Coming Age[J]. Cult Stud of Sci Educ, 2004(05).

6. Jeni Warburton. Passing on Our Culture: How Older Australians from Diverse Cultural Backgrounds Contribute to Civil Society[J]. J Cross Cult Gerontol, 2006(10).

7. Justine Johnstone. Technology as empowerment: a capability approach to computer ethics[J]. Ethics and Information Technology, 2007(09).

8. Rowhea Elmesky. Rap as a roadway: creating creolized forms of science in an era of cultural globalization[J]. Cult Stud of Sci Educ, 2009(10).

9. S. N. S. Rattan. Self, Culture, and Anxious Experiences[J]. J Adult Dev, 2010(04).

10. Arjo Klamer. Cultural entrepreneurship[J]. Rev Austrian Econ, 2011(02).

11. Michael R. Olneck. Facing multiculturalism's challenges in Korean education and society[J]. Asia Pacific Educ. Rev, 2011(08).

12. Deirdre M. Kelly. The Public Policy Pedagogy of Corporate and Alternative News Media[J]. Stud Philos Educ, 2011(05).

13. Leslie Jumper-Reeves. American Indian Cultures: How CBPR Illuminated Intertribal Cultural Elements Fundamental to an

Adaptation Effort[J].Prev Sci，2013(02).

14.In-Jin Yoon.From a Migrant Integration of Distinction to a Multiculturalism of Inclusiont[J].Prev Sci，2014(05).

15.Klaartje Van Kerckem. Pushing the Boundaries: Responses to Ethnic Conformity Pressure in Two Turkish Communities in Belgium[J].Qual Sociol，2014(05).

16.Heesoon Bai. Towards Intercultural Philosophy of Education[J].Stud Philos Educ，2015(09).

17.Badrudin Amershi.Culture, the process of knowledge, perception of the world and emergence of AI[J].AI & SOCIETY，2019(03).

18.Lorenzo Baravalle.Cultural evolutionary theory as a theory of forces[J].Synthese，2019(05).

19.Kunlin Xu, Judy Drennan.Immigrant entrepreneurs and their cross-cultural capabilities: A study of Chinese immigrant entrepreneurs in Australia[J].Journal of International Entrepreneurship，2019(10).

20.Elizabeth A.Minton, Soo Jiuan Tan.Drivers of Sustainability and Consumer Well-Being: An Ethically-Based Examination of Religious and Cultural Values[J].Journal of Business Ethics，2020(11).

21.Fernando Nunes.Critical and Intersectional Perspectives

on Immigrant Youth Cultural Identity[J].International Journal of Mental Health and Addiction, 2021(03).

22.Alev Yücel. Symbolic annihilation of Syrian refugees by Turkish news media during the COVID-19 pandemic[J].International Journal for Equity in Health, 2021(10).

23.Annalisa Cicerchia.Culture Indicators for Sustainable Development[J].Stud Philos Educ , 2021(01).

24.Paul Agu Igwe.Cross-cultural Tribes, Community and Indigenous Entrepreneurships[J].Ethics and Information Technology, 2022(05).

跋

本书从筹划、调研、撰写到完成，经历了一年多的时间。在这期间，笔者得到了很多人的帮助，正是借助于这些力量本书得以顺利完成。

首先，要感谢我的导师李卫东。2011 年，笔者有幸成为他门下的弟子，除了学术研究上的指引外，更多的是为人处事方面的教导。李老师总是以他的满腔热情来回应笔者的诸多困惑和迷茫，指点迷津，"拨开云雾见月明"，"柳暗花明又一村"。本书也是在李老师的督促之下，才得以完成。在笔者的盛情邀约下，李老师还为本书撰写了序言。

其次，要感谢接受深度访谈和实地调研的 86 位受访者，他们从百忙之中抽出时间来接受采访，有时候访谈时间远远超出了预期，但他们都没有怨言，依然很开心地接受采访，并根据自己的专业背景和科研经历提供了很多实质性的意见和建议。

再次，要感谢山西人民出版社的吕绘元编辑，在本书的出版过程中，吕编辑以其专业的水准对本书提出了诸多中肯的修改意见，大到整体段落的"排兵布阵"，小到一个标点符号的"精细打磨"，令笔者十分钦佩。

最后，要感谢家人。正是他们强有力的支持，让笔者没有后顾之忧，在工作之余抽出大量时间来完成本书的撰写。他们的默默支持和鼓励是笔者完成本书的最大动力所在。

赵砾青

2022 年夏写于新晋世家